◆ 青少年成长寄语丛书 ◆

# 老师的力量

◎战晓书　编

吉林人民出版社

**图书在版编目（CIP）数据**

老师的力量 / 战晓书编. –– 长春：吉林人民出版社, 2012.7

　（青少年成长寄语丛书）

　ISBN 978-7-206-09144-5

　Ⅰ.①老… Ⅱ.①战… Ⅲ.①教书育人 – 青年读物②教书育人 – 少年读物 Ⅳ.①G451.6-49

　中国版本图书馆 CIP 数据核字(2012)第 150809 号

# 老师的力量

## LAOSHI DE LILIANG

编　　者：战晓书

责任编辑：刘　学　　　　　　封面设计：七　洱

吉林人民出版社出版 发行（长春市人民大街7548号　邮政编码：130022）

印　　刷：北京市一鑫印务有限公司

开　　本：670mm×950mm　　　　1/16

印　　张：13　　　　　　字　　数：150千字

标准书号：ISBN 978-7-206-09144-5

版　　次：2012年7月第1版　　　印　　次：2021年8月第2次印刷

定　　价：45.00元

如发现印装质量问题,影响阅读,请与出版社联系调换。

# 目 录

## CONTENTS

# 目 录

## CONTENTS

# 目 录
### CONTENTS

# 目 录
## CONTENTS

# 一句评语的力量

多梦的学生时代总能给人留下许多难忘的回忆，让我刻骨铭心的是读初二那年，班主任王老师给我下的那条年终评语："遇事沉着、冷静，有心眼儿、有计谋、有同情心，有坚定的必胜之信念。"面对这条"最高评价"，我郑重其事地把它写进日记本的扉页。我那灰暗的心空顿时明亮起来，在老师眼中，原来我是如此的"不凡"！

在此之前，我从来不敢"高抬"自己。我是个自卑的小男孩儿，从小就尝到了失败的酸涩滋味。记得读小学二年级的时候，我因为生病而影响了考试成绩，因此成为一名让人耻笑的"留级生"，而我的同胞弟弟却先我坐进了三年级教室。我不甘心，也提着书包跟弟弟进去，结果让老师和同学们给"哄"了出来。也许，少年的我还不懂得何为自卑，可那种窘迫感却像海水一样淹没了我，给我造成了无法磨灭的伤痕。在后来的小学升初中考试中，我又以一分之差未能进入重点中学。后来在小学老师的极力推荐下，我被破格选入一个设在普通中学的重点班。为了找回自信，我开始发愤学习，我要通过优异的成绩给自己那颗软弱的心镀上一层保护膜。我参加了各类作文竞赛，而且一次次获奖。可谁也没想到，一次更大的打击悄悄来临，几乎将我刚刚建立起来的自信撕得粉碎。

那次遭遇的起因是我的一篇作文上了全国发行的作文示范读物。那篇文章中引用的一些事例是我从教科书和报纸上摘下来的，让一个同学发现了，于是他便四处散布其为抄袭之作。我的沉默让他们更加肆无忌惮。其时，我还不懂得引用是不等同于抄袭的。我不再辩驳，并逐渐认同了同学的观点：我抄袭了别人的文章，抄袭一句话和抄袭整篇文章又有什么区别！我似乎没有希望了，自卑感像章鱼的"手"扼住我那颗不堪一击的心，"咚"的一声我沉到了自卑的海底。

将我从"海底"打捞上来的是王老师。那年的年终考试，虽然我只考了全班第十一名，但仍然被列为全校"学习积极分子"，校长在年终总结会上，居然提到了我的名字。也就在我情绪处于低谷的时候，我获得了王老师的"最高评价"，那是我最尊敬的老师在全班同学面前作出的。更让我意想不到的是，他竟从我平时的点滴小事中逐一证明对我的评价是客观而公允的。那一刻，我只有一种感觉——想哭，我渴望得到的不正是老师和同学的包容与肯定吗！

新学期开学后，我将老师的那句评语作为自己的座右铭。那一段时期，我过得非常快乐。当我遇到烦恼的时候，我会保持冷静；当我遇到困难的时候，我会策划计谋；当我遇到失败的时候，我会坚定必胜的信念。我全力塑造一个新的自我。一年后，我以全校排名前20名的成绩顺利考入重点高中。

因为家境贫寒，我未能到县城就读心仪已久的高中，回家帮助父亲种地。也许因为那条"评语"铭刻于心的缘故，面对新的生活，我，没有一点儿悲观失望，心中充满了对未来好日子的向往。在劳作之余，我重新拿起笔，边自学边给报刊投稿。也许是一种机缘，我回乡后的第一篇习作就上了省报。劳苦一生的父亲原本就不希望我跟着他"修地球"，于是借钱让我参加了那家省报举办的新闻、文学创作函授班。通过学习，我迷上了新闻采访，一有空闲就骑上那辆破自行车叮叮当当地外出挖新闻，一双沾满泥巴的双手还真写出了一些乡亲们爱看的"小道消息"，我的头上也戴了顶"记者"的高帽。再后来，我被小镇的党委书记相中，成为穷山沟第一个自学成才的秘书。

而今，我已身处都市。通过奋争，我这双还挟有乡野清新泥香的双脚重新找到了自己的位置。我很清楚，迎接我的还会有泥泞和风雪，可我已没有了惊慌。就为了那句评语，我想，前途已没有什么困难不可逾越。因为，7年前的评价，已经成为我现在真正具备的品质和优点！

（薛家林）

# 红色标签

升入高二时，我的作文依然写得一塌糊涂。即使绞尽脑汁拼凑出一篇自以为像点儿样儿的文章，到了老师那里，也会换来诸如"中心不明确，材料庞杂，层次不清晰"之类的批语。时间一久，老师也不愿意看我的作文了。于是，我更感到"作文之难，难于上青天"了。

高二的下学期，我们班的语文教师由一位当时在省内已小有名气的诗人担任，他就是让我一生感激不尽的孙老师。

记得我交给孙老师的第一篇作文是《我爱……》。在这篇作文中，我洋洋洒洒地将自己喜爱的许多事情都一股脑儿地搬了出来，末尾还来了一句"我爱……  ……"，连续的两个省略号，表示我的爱还有许多许多。

没想到，作文讲评课上，孙老师竟在班上当众朗读了我的文章，而且夸赞我的文章有真情实感，不造作，思路也很开阔。老实说，那一刻，我真是激动极了。要知道我的作文一向是给同学们作"反面教材"的，能得到写作上很有名气的孙老师的夸奖，实在出乎我和同学们的意料，我甚至一度怀疑自己的耳朵是不是出了毛病，我还看到不少同学怀疑的目光，但千真万确的是，老师真的当众表扬了我作文的成功之处。

待拿到作文本时，我看到孙老师在上面用红笔将我的那些错别字和病句都一一地更正过来了，还写了密密麻麻的批语。其中有几句话让我终生铭记："看得出你是个热爱生活的人，相信你只要多读书，再加上不懈的努力，肯定能写出很优秀的文章的……"

啊，孙老师都说我能写出优秀的文章了。我感到了莫大的鼓励。原本对作文泄气的我，又兴致勃勃地拿起笔来，认真地写起来。而孙老师从我的每一篇文章里，都要找出那么一两条优点加以肯定，当然也直言不讳地指出其中的不足。

经过一段时间的训练，我的作文成绩有了明显的提高，更重要的是我竟爱上了写作，高考志愿上全填上了"中文系"。经过大学中文系四年的磨炼，我的文章开始陆陆续续地见诸报刊，也在各类征文比赛中频频获奖。待毕业三年后，我凭着厚厚的一摞子作品，加入了省作家协会，成为我们班的第一个"作家"。

极偶然的一次，我在一本散文选刊上，读到了孙老师写的题目为《给年轻人贴一枚红色标签》的文章，我这才恍然醒悟：原来孙老师努力地从我那写得很一般的文章中，寻找出些许亮色，加以圈点，是要点燃我的写作激情，让我从自卑中抬起头来。他那充满期待的话语，无疑是贴在我心灵上的一枚红色标签，它像火焰一样照亮我前行的路程。

哦，那一枚看似寻常的红色标签，不仅仅给我勇气、催我奋进，甚至还影响了我一生的选择。

多少年后，当我面对我的学生，面对那一篇篇带着墨香的文章时，总要满怀感激地想起孙老师，总要给那些不自信的文字贴上一枚红色的标签。

# 切不可恃才傲人

　　我所在的学校有一名女教师，论口齿的伶俐，语言的流畅，在学校数一数二，很少有人能与之相比。也许正因为她有这样的语言优势，所以，平时与邻里、同事和亲朋闲侃或斗嘴，不占上风决不罢休。假若有人胆敢与她相抗衡，她便会抓住你的某一弱点，用她那刀子般的小嘴，由表入里把你层层剥开，甚至把你平时最不愿袒露的东西（个人隐私）置于大庭广众之下，让你欲怒不能（因为一怒便显得没了涵养），欲罢又难忍，使你处于尴尬的地步。而她自己常常被自己的"胜利"所陶醉。

　　按说，这样一个思维敏捷、语言表达能力超常的女教师，本应该能成为一个深受学生欢迎和热爱的教师，然而却恰恰相反。有一天，她像往常一样去上课的时候，学生竟然从里面把门顶死，不让她进。她一怒之下去找校长，校长也深感事态严重，便亲自到课堂处理此事。谁知校长刚进教室，全班学生几乎每人都把一张写有"我们宁愿不上她的课，也不愿让她羞辱"的纸条送到了校长手里。校长一了解才知道：女教师那把比利刃还伤人心的"肉刀子"，不单单是用来对付她的同事或邻里，甚至连她的学生也不放过；在课堂上，只要哪个学生敢对她的讲课提出一点疑问，或者哪个学生稍有点不顺她的心，轻者"教训"一顿，重者可把他说得一无是处，就差再把他的祖上三代都掘出了。出事之前，一个学生曾向她提了一个问题，她竟傲然地说："这样简单的问题还来问我吗？"只因这个学生对她这样的回答不满意地顶了一句，结果这个学生可惨了，一堂课竟有半堂是用来羞辱这个学生的，直到下课铃响后很久，她才心满意足地走出教室。看着学生们写的一张张字条，听着学生们愤懑的语言，校长还有什么理由来责备学生呢？自己酿造的苦酒，只能由她自己来喝下去。面对这样无情的现实，她哭了……

　　一个人的才能本来应该让它成为自己生命中的一个闪光点，让它能成为自己人生价值的具体体现，让它成为能使自己一步步走向完美的阶梯，而不能让它成为你时时准备抛向别人的"刺球"。由我的这个女同事，我想到了三国时期的一个叫祢衡的大名士，论才能，他可谓是"天文地理，无一不通；三教九流，无所不晓；上可以致君为尧、舜，下可以配德于孔、颜"，这样的才能，他却不用来建盖世之功，立天地之业，而是专门用它来讥刺他人以显其能，其才能是不是用歪了？这被用歪了才能的祢衡，他可以幸运地遇到像曹操这样心宽如海的伟人，虽遭祢衡数辱而不杀之；他也可以幸运地遇到像刘表这样的有识有度之人，虽受讥而能忍之，但最终他还是要遇到像黄祖这样让他吃尽苦头的人。我的那个女同事也是一样，过去总是幸运地遇到一些有涵养、不像她那样浅薄的人，连她也没有想到自己会栽在"城府"不那么深的学生的手里。对于一个不能宽容以待人、怀仁以处世、温厚以立身的人来说，倒是"无才便是德"了。由此可以看到：一个人的才能和德行应该是他翱翔于天地之间的两个翅膀；无德，无以立身；无才，无以立业，两者缺一不可。我那个女同事和三国时的祢衡，他们都犯一个共同的错误，那就是恃才傲物，有才能，但失去了修养，视他人都如"酒囊饭袋"一般，用语言去嘲讽、羞辱别人。一个像牛虻一样总是叮得人心疼的人，要是处处都受人欢迎那才真怪呢！

如果说眼睛是一个人心灵的窗口，那么语言可谓是一个人修养的标志了；一个看他人满身都是污垢的人，他自己的心灵和语言又怎么能会是干净的呢？就像祢衡和我的那个女同事，他们本想用自己的语言之水去洗净世人身上的污点，其结果人们发现这水更是脏得令人作呕。所以，一个人只有用自己高尚的品德去感染人，用自己美妙的语言去感化人，用自己敦厚的心灵去体贴人，而不是用自己刀子般的嘴巴去伤人，也不是用自己的伶牙俐齿去咬人；才能成为一个有修养的人，才能在社会中真正发挥出你的才能。

（王飙）

# 错误是导师

　　从某种意义上讲，正确与错误往往不是一成不变的。因为，正确的东西被众多的人接受、欣赏甚至崇奉，于是便放松了对它的戒备和怀疑，而把它当作指南、模式甚至是教条，正确的东西是要有条件的，现阶段可能正确过时了就可能是谬误，此一时是正确，彼一时可能错误，所以有的人停留在曾经正确而失去了活力，拥抱着曾经正确而变得僵化，因守着曾经正确而越来越守旧。

　　这倒不是正确的错，错是错在了人们对待正确的态度上。从某种意义上讲，错误反倒对我们更有益。

　　错误是灾难，它带给人们的痛苦和伤悲叫人不寒而栗欲哭无泪，它让人不堪回首而挥之不去，它叫人再也不愿遇上它而又不能不再次面对它。错误，带给人的是反思、隐痛和忏悔。许多人都在错误面前感到自己的蠢笨。

　　错误是误区，它残酷地让自作聪明曝光，让偏执和狭隘亮相，让无知和愚蠢真真切切地碰了壁漏了底。错误叫人抬不起头，可谁说它又不是反更叫人谨慎，叫人冷静，叫人夹起尾巴，叫人多了一些走出混沌和谬误后的清醒。

当我们敢于捧起错误而久久凝视它时，我们诚实的目光终会穿透迷雾与真知相见。

当我们终于以沉静的心绪于丝缕分毫中剖析错误时，我们的双手没有颤抖和怯懦，近乎无情的气概终使自己的灵魂与高尚站在了一起。

我们在沉默中与错误较量着，更能看到自己不安而跳荡的心，更能识得带给我们温暖和智慧的灵光，更能磨炼自己的不屈和进取的锐气。

若此，错误非但没把我们压倒，相反，使我们咬着牙爬起，亲手忍着痛割除毒腐而站立，于寒风苦雨中。

一时的错误反倒给我们警惕和审视的眼睛，我们再也不敢懈怠双手和停止前进的脚步。

错误是我们的导师，我们学会了拓宽规矩的聪慧，我们学会了慎重也学会了改造慎重的勇气，我们学会了怀疑也学会了解答怀疑。

错误是我们的导师，只是我们并不想永远做它的学生。错误诚然能给我们不少的教益，只是我们更愿意在没有错误的路上快步前行。

所以，我们最该警惕的也许不是错误，而是我们的自以为是、无所作为和莫衷一是，因为它们常常使我们不知不觉中犯了错误。

（黑马白浪）

# 艺术是心灵的遗产

　　我今天想谈的，就是我的老师，这些艺术界的前辈对我的影响，对我们这一代人心灵上的影响。

　　齐白石先生是一个民间艺人，同时他身上具备了非常强的工匠特色，但是他又是一个文人，具有非常深厚的中国文化内涵。我为什么喜欢他的东西，是因为他对我们这一代人，对我的艺术影响。因为在艺术圈，在年轻时候，在你的感觉非常敏感的时候，在你精力非常充沛的时候，你可以画得非常好，但是到了你年龄大了以后，由于你的感觉，你的控制技术，都会受到一定的影响以后，慢慢地你的艺术会下来。但是唯独齐白石先生，他是越画越好。我觉得有两个原因，一是齐白石先生在他年轻的时候，有非常深厚的功底；另外一个最主要的原因是他对生活的热爱。你可以看到他画的一棵白菜，两个辣椒，这个白菜画得那么可爱，这个辣椒画得这么红。只有不愿意离开生活，对生活热爱到这个程度的人，才可以把辣椒看得这么红。这些东西对我在艺术上的启发非常深刻。

　　另外一点，齐白石先生的艺术透着中国的智慧，透着一种真正的中国的情怀，所以他的东西是超越艺术和超越技法的，它是生命的。他在七十岁的时候，他跟别人说我现在才知道其实我不会画画，别人说不会吧？说你是绘画大师怎么能不会画画呢？他说我真的不会画画，我现在才开始懂我不会画画。事实上他的意思是说，艺术绘画本身是超越技法的，他是从无法到有法，再到无法的境界。

齐白石对我们这一代人，在心灵上，在情趣上，在品位上的影响都是巨大的。我们都知道有一个非常著名的国际艺术家叫安迪·沃霍尔，是美国的波普艺术的代表，波普艺术简单讲是什么？它就是把流行文化引入到严肃的纯艺术当中。但是我想安迪·沃霍尔这么大的国际影响，但是比起齐白石是小巫见大巫，因为齐白石更早地而且真正地更广泛地把艺术引入到生活中，把高尚的纯粹的艺术和真正的生活结合起来。比如说我们都可以回想一下，在过去的生活用品中，像脸盆，像暖壶上的图案，像床单上的花纹，像沙发靠垫上的绘画，很多都是齐白石的虾米螃蟹花鸟草虫这些内容。这些东西现在看起来，我们觉得是一种很土很过时的审美，但这些东西真正地影响了一代人的审美情趣和品位。它的价值在于什么呢？一个大的社会环境背景，社会的运动趋向之下，有人用他的艺术，为我们每一个人，存留了一份中国真正发自内心的品位和审美，及内心情趣所珍惜的这一部分东西。它真正地把一种属于我们血液中的中国人的纯真美好的东西，给保留了下来。谢谢大家。

（徐冰）

# 怒上心，忍最高

记得那还是我上初一的时候，数学老师邓三毛把这句话用毛笔字抄写好后贴在自己的门上。那时年纪小，尽管经常看到这句话，却不知其中的深意。如今，我年近而立，才突然发现，这句话是那么地富有哲理，道出了生活中的某些真谛。

怒是一个人的一种心理情绪，这种情绪如果处理不好，很可能造成难以想象的后果，有的甚至是灭顶之灾。谁会一直都开开心心呢？只要与人相处，就总会或多或少地在某个时刻产生这样的情绪，这不足为奇。然而当怒上心时，各人表现出来的态度与做法却不尽相同，甚至是大相径庭。殊不知，现实社会中有多少人因为一时冲动，为了所谓的"争一口气"而鲁莽行事、大打出手，最后酿成恶果，促成大祸，实在让人扼腕叹息！

"怒上心，忍最高。"这句话主要是说一个人当他有了愤怒的情绪时，应当尽量地使自己保持冷静，沉住气，不要让愤怒的情绪肆意蔓延，以免伤害自己与他人。很多人会对这句话中的"忍"字产生误解，以为这个"忍"字是忍气吞声的意思，其实不然。这个忍我们应当理解成"冷静"。句中的"高"乃是"好"之意。

事临头，思而行；怒上心，忍最高。

（毛周林）

# 一生之师

一名学子问导师："导师，你最好的学生是谁?"

导师说："自己。"

学子问："为什么?"

导师反问："有谁能伴随我学习一生呢?"

学子沉思了一下，说："只有你自己才能伴随自己学习一生。"

导师说："你现在明白自己是自己最好的学生了吗?"

学子又问："导师，那么你最好的老师是谁?"

导师说："生活。"

学子问："为什么?"

导师反问："有谁能教导我一生呢?"

学于又沉默了一下，说："只有生活能教导你一生。"

导师说："你现在明白生活是最好的老师了吧!"

（吴礼鑫）

# 感谢老师

在学校每年举办的野外接力追踪赛和游泳比赛中，我都不像其他同学一样精神振奋，情绪激昂，而是非常沮丧和失落。因为我总是被遗忘。其实，这对我来说，已经不是什么新鲜事了，早就和家常便饭一样习以为常了。每次都是由四支队伍的四个孩子代表着他们各自的队伍冲向终点那根蓝色的缎带，看最终哪支队伍能赢得比赛。但那里面绝对没有我。因为我年龄太小，不能成为一位领队，而我又太瘦弱，也不能成为一名运动员。这些我早在12岁以前就知道了，因为我的辅导员老师和其他孩子总是抓住一切可能的机会来提醒我。所以这次，当我们这支队伍急需第四个选手参加一次2英里的环湖赛跑时，我知道我绝对不会在被选择之列。

当他们喊着参赛选手名字的时候，我正躲在一棵枫树的树荫下面。突然，我听到一位辅导员老师在大声喊着："摩西！摩西！你在哪里？快来参加比赛！"闻听此言，我的大脑猛地一惊，身体也顿时进入紧张状态。

喊我名字的原来是布莱克老师。他真正的名字叫迈克·波里斯，但是我们都叫他布莱克。终于，他找到了正躲在树荫下的我，并抓住我的胳膊肘，把我拽了出来。

"摩西，我们需要一位从来没有参加过其他2英里短跑比赛的12岁选手。"

"但是，我们队已经有3个人了。"

"我们一共需要4个人，你就是这第四个人。"

说完，他一把就把我推到了起跑线上。为了不使自己最终在这四支队伍的面前丢脸，我开始央求他换一个人。

"但是，我根本就不认识环湖赛跑的路线哪！"

"哦，这不要紧，你只要紧跟着克拉克跑就行了！"布莱克老师微笑着说。

克拉克是我的朋友，也是我们这支队伍中跑得最快的运动员。"记住，不要回头看，也不要去管别人！"布莱克老师接着说，"你只要想着一个字，就是'跑'，在自己的跑道上向前跑，跑，跑！"

此刻，站在起跑线上的我，看了看站在我旁边跑道上的克拉克，心里忐忑不安。不知是因为激动还是胆怯，我竟然感到我的全身都在颤抖。

"各就各位——预备——"听着发令员的喊声，我的心几乎提到了嗓子眼，跳动得也更加剧烈了。随着发令枪"啪！"的一声脆响，我们16个人一齐飞快地向前跑了出去。在那条通往湖边小径的土路上，我们飞快的脚步扬起的尘土漫天飞扬，弥漫在我们的身后。

我暗暗下定决心，坚决不能落后。我紧紧地跟在克拉克身后，差点儿就踩到他的脚后跟了。就在这时，克拉克却对我大吼一声："快退后！"我想可能是我离他太近的缘故吧。

于是我赶紧向后退了几步。转眼间就有两个其他队的运动员超过了我。但是，我的眼睛仍旧紧紧地盯着克拉克。

哦，真累呀！以前没参加过这种比赛，所以不知道，现在真的参加了，才感觉到确实非常累。我只觉得自己心跳越来越快，呼吸也越来越急促。而此刻，克拉克和我之间的距离却越来越远了。很快，我们就已经从尘土飞扬的土路跑到了那条环湖的布满了泥泞的林间小道上，从这里可以跑回到田径赛场上。突然，透过茂密的树丛，我看到克拉克猛地滑倒了，消失在我的视线之外。这时候，另一支队伍的一个运动员超过了他。

一眨眼的工夫，他又站了起来，又开始飞快地向前跑，边跑边向我叫道："注意脚下那些树根，它们非常滑！"听了他的提醒，我低下头，一边看着脚下那些被剥去树皮的光溜溜的树根，一边拼命地跑着。此刻，我已经累得气喘吁吁、上气不接下气了。但我知道不能放弃，我必须要跑下去。就这样，又跑了五十码以后，我觉得几乎要喘不过气来了。可同时我发现，自己已经爬到了小山上，又回到了灿烂的阳光下，那是只有在空旷的田径赛场上才能看到的。然而，此刻，我已经筋疲力尽了。尽管我还跌跌撞撞地继续向前跑着，可是心里真想立刻就停下来跪倒在地上，退出比赛，然后看着其他运动员成功地穿过终点线。就在这时，我却突然发现：跑在我前面的并非像我所想象的那样是15个人，而是3个。观众们都在欢呼着，参赛队伍的拉拉队都在为各自的队员摇旗呐喊着，整个田径赛场上人声鼎沸，震耳欲聋。但是，我却分明能清楚地听到布莱克老师的声音："跑哇！快跑哇！"

我回过神来，我的腿也在告诉我快跑。我再也没回头，也再没去看那剩下的最后一百码赛程。我感到一种未曾有过的自由。没有人告诉我我是什么，或者不是什么……此刻，我觉得并不是我在和别人比赛，而是我的双腿在和我的大脑比赛。最后，我终于跑完了全程，获得了胜利。

我不知道自己是什么时候越过终点线的，只知道越过终点线的那一刻，我几乎站立不稳了，身体摇摇晃晃的，差点就倒下去了。布莱克老师一下子抓住了我。我大口大口地喘着气，脸上挂满豆大的汗珠。尽管这么累，我却感到很高兴，因为我坚持跑完了全程。少顷，我才发现布莱克老师不仅仅是抓着我，而是紧紧地拥抱着我！

"你简直就像飞起来了一样！年轻人，哦，第二名，你获得了第二名！你超过了许多人！"

这时，很多同学都聚到了我的身边，围绕在我的周围，他们轻轻拍着我的后背，热烈地向我祝贺着。"摩西获得了第二名，克拉克获得了第一名。只差一步……"他们说。

我被授予一条代表第二名的红色缎带。尽管那天我获得了这条红色缎带和同学们对我的祝贺与赞扬，但我觉得自己最大的收获却是找到了自信。当时，我欣喜地走到布莱克面前，将那条红色缎带敬献给他，然后深深地鞠了一躬说："谢谢老师！您让我找到了自信！"

就在那一年，我发现只要我认真、努力、尽心尽力去做的话，我其实是能够做很多事情的。

注：和许多其他美国运动员不同，埃德温·摩西（Edwin Moses）靠学术奖学金而非体育奖学金进入大学，他凭借超强的学习能力不断完善自己的400米跨栏技术，这使他成为20世纪70年代到80年代期间无可争辩的世界头号选手。摩西生于美国俄亥俄州的代顿市，从小就受到良好的家庭教育，学习成绩一直非常优异，但在体育方面并没有得到过专门训练。1974年，他的一位同学在打赌时发现摩西有非同一般的运动天赋，劝他参加田径队，摩西就这样开始了他的运动生涯。一开始他练习110米栏，但进展不大。1975年，他的教练劳埃德·杰克逊同意他尝试一下400米栏跑，并一起制订了新的计划和目标。1976年3月，摩西在佛罗里达州盖恩斯维尔举行的全美大学生室内田径锦标赛上，以恒定不变的13个栏间步跑完全部的栏，让所有观众大开眼界。而更令人惊奇的是，经人测量，这位天才每次比赛后身上汗水的温度都是恒定的56摄氏度。从1977年8月到1987年6月，摩西在他所参加的400米栏比赛中保持了惊人的122

连胜，他还曾先后4次打破世界纪录。1983年他将世界纪录提高到47秒02，直到9年后才由凯文·扬在1992年巴塞罗那奥运会上改写。

译据美国杂志《竞赛者》2017年5月号（提前版）

原文作者：《纽约时报》体育记者赫布·凯莱赫（龙夫　译）

# 名师妙语见智慧

　　20世纪初，我国大学的几位名师，他们对无厘头问题的巧妙回答，都闪现出睿智的灵光。

　　多年任"山大"校长的陆侃如教授，年轻时留学法国，在博士论文答辩会上，因学识渊博、思维敏捷颇受众考官的赞许。答辩会快结束时，看着侃侃而谈、时有惊人之语的华人青年学者，一位法国考官突然发问："'孔雀东南飞'，为什么不往西北飞？"这一问好不雷人，众人都惊愕了。"孔雀东南飞"，是《古诗为焦仲卿妻所作》的起句，用的是比兴手法，与内容没有必然联系，从学理上让人如何回答？可我们这位研究乐府著作的学生，应声答道："因为'西北有高楼'！"

　　"西北有高楼"与"孔雀东南飞"是时间差不多的另一首古诗。你问得不伦不类，我也只好"脑筋急转弯"——让高楼挡住了！这毫不迟疑、应声而出的回答，实在是绝妙，顿时引爆了满堂喝彩。什么叫文学博士？陆侃如，他配！

　　诗人、教授陈梦家讲《论语》时，经常"入境"，每到诵读"暮春者，春服既成，冠者五六人，童子六七人，浴于沂，风乎舞雩，咏而归"时，便身不由己地挥动双臂，长袍宽袖，飘飘欲仙起来。有一次，他刚入境，突然有个学生发出一声怪叫："老师，请问'孔门弟子七十二贤人，有几人结了婚？几人没结婚？'"这无厘头的问题，顿时引得满场哄堂大笑，众学生都为陈老师捏了把汗。

陈梦家停下手脚，灵机一动，就诗中数字"戏"解道："冠者五六人，五六得三十，故三十个贤人结了婚；童于六七人，六七得四十二，四十二个没结婚，三十加四十二，正好七十二贤人。"又是一阵哄堂大笑，笑声中充满了对陈老师的赞赏、钦佩！

这一番妙对，没有机敏的头脑，没有对数字的敏感，断难"戏"得出来。更难能可贵的是陈先生是文科教授，理科也不含糊。

刘文典是当年清华名教授，他给学生上课，追求学术性强、内容新、语言独特。他曾说过："凡是别人说过的，我都不讲；凡是我讲的，别人都没有说过。"没有渊博的学识底气，谁敢说这话？那年代的学生，那年代的大学课堂，开放得很。你敢发大话，我就要探虚实。

有一次，学生大声问："先生对写文章有何高见？"刘文典应声道："问得好！"随即朗声念出 5 个大字："观世音菩萨。"众学子无不愕然——这是哪跟哪呀！接下去，刘老师神秘地解说道："'观'，多多观察生活；'世'，须要明白世故人情；'音'，讲究音韵；'菩萨'，要有救苦救难、关爱众生的菩萨心肠。"果然非同凡响，令众学子闻所未闻，细细想来，真是"高见"，把写文章的学问概括得既全面又深刻。

这些经典对话，是名师们学识渊博、积淀深厚的灵光"一闪"，因为读书破万卷，达到了"胸藏万汇凭吞吐，腹有诗书语自华"的境地，再加上年年演讲于象牙塔，面对万千思维活跃学子磨炼得语言睿智、反应机敏。在欣赏、羡慕之余，大家一定也很想能像他们那样应答如流、语出惊人吧？那就请各位多多读书，多多参加演讲、论辩活动——口才是练出来的！

（王克勤）

# 心态的魔力

有一个有趣的故事，可以让我们更好地领略心态的魔力。

教授在上课前来到教室，请学生们帮他一个忙，把他家里的一些青花瓷瓶搬到教室里来，说等会上课要用到这些青花瓷瓶。教授说："愿意帮忙搬青花瓷瓶的同学请举手!"结果全班50多名学生闹哄哄地都举起了手，教授挑选了十几个比较胆大的学生，跟着他来到了家里。

教授家的储藏柜里摆着十多个漂亮精致的青花瓷瓶。有学生问："教授，这瓷瓶这么贵重又这么易碎，假如我们搬运时摔碎了要我们赔吗?"教授说："这瓷瓶别看花色这么好看，其实并不值钱，50多元就可买一个，你们尽管搬，万一碎了你们也赔得起，怕什么。"学生们一听，嘻嘻哈哈地每人抱起一个瓶子就向教室跑去，把瓶子整整齐齐地摆在了讲台旁边的桌子上。

开始上课了，教授说："同学们，你们知道刚才搬来的青花瓷瓶每个值多少钱吗?"

有学生答："你刚才不是说了吗，每个50多元。"

教授笑了："那是骗你们的。这种类型的青花瓷瓶，国内市场价，每个两万多元。"

刚才抱瓶子的学生心里一惊。

这时教授的手机响了，教授按了免提键，全班同学都听到了教授与教授夫人的对话，夫人让教授把青花瓷瓶马上送回家。其实这个环节是教授事先设计好的。

教授说："看来还得请同学们帮忙，再搬回去。"教授顿了一下，扫视了教室一圈后，说："愿意帮忙搬青花瓷瓶的同学请举手！"

这次教室里鸦雀无声，没有一个同学举手。

教授问："怎么，没有同学愿意帮我搬吗？说说，为什么？"

有同学回答："怕摔了。"

"那刚才为什么敢搬呢？"教授笑着问。

"那是因为我们不知道它的价值。因为我们以为即使摔了也赔得起。"

教授收住了笑容，在黑板上用粉笔写下了一行字："无知者无畏，心态很重要，它往往能决定成败。"

一个人能否成功最重要的在于他的心态。一个人如果心态积极，乐观地面对人生，乐观地接受挑战和应付麻烦事，那他就成功了一半。

一个人在遇到压力、挫折、失败和突发事件时的心理承受力非常重要。也就是说在逆境中仍能保持热情和毅力、仍能保持对事物坚忍不拔地追求和探索精神的人，才会最终到达成功的彼岸。

一个人面对太阳，眼中就是阳光灿烂；如果背对太阳，看到的将永远是自己的影子。一件事情，从不同的角度看，会有不同的效果。面对同一扇打开的窗子，有的人会欣喜地呼吸新鲜空气，有的人则皱着眉头讨厌蚊蝇的到来。

记得一位哲人说得好："埋怨环境不好，常常是我们自己不好；埋怨别人太狭隘，常常是自己不豁达；埋怨天气太恶劣，常常是我们抵抗力太弱；埋怨工作难做，常常是我们方法太少。"其实，失败常常不是因为我们不具备这样的实力，而是因为心态不好，心灵上存在障碍。

（章睿齐）

# 春天在哪里

那个冬天，她从一个城市逃到另一个城市，在几个住处之间跳来跳去，像一条卑微的、被生活折磨的流浪犬。

年关已近，风雪仍紧。午夜，她经过无人的街道回家。狂风大作，脸颊刺疼，靴子里的脚趾隐隐作痛：要不要买一件新的羽绒服？第一个问题就是：哪里搁？她连个属于自己的衣柜都没有。咬咬牙，她安慰自己：马上就开春了，买件袄穿半个月不值。

忽然手机响了，接二连三。这午夜的短消息好莫名，她的心竟然跳了一下——明知道不可能，还在盼望某个不可能的人。居然是话费存入，共三次，三百元。她莫名其妙：是哪位同志充错了话费？第四条短消息进来了："快过年了，我不知道送你什么好，你喜欢什么，自己买吧。"没有署名，她认识他的号码。他曾经问过她要什么礼物，她一口拒绝：不要，没地方放。

那之前发生了什么？痛苦得心神缭乱的她向他说过什么？她和他，终生不会再提，那一刻她却知道他是真真切切地心疼她。不必任何空洞的安慰，他的心意她全领取。

　　她此刻想起他抱歉的眼神："我真的对不起你。"她愕然："你做过什么？""你最困难的时候，我什么也不知道、什么也帮不上。"他声音里居然带着轻微的哽咽。她低头无语：是我选择了不说。不幸福是一种羞耻，像内衣上的补丁，绝不能让人知晓。她是大海里受伤的鱼，流着血，拼命挣扎着要游出这血域——突然间，周围的人都变成鲨鱼，嗅到受伤的气息，欢欣鼓舞地开始他们的噬血大餐。她因此学会沉默，把很多人置在遥远的外层空间。而他，永怀内疚，固执地说："是我做得不够好，你才不信任我。"但其实，他们只是因为工作关系熟识起来的朋友，不是爱人，没有暧昧，友谊如山楂树一样纯洁。

　　是什么样的磨难让她对生活失去了热情？而此刻，它重新萌芽，并且等待第一场春雨。这一定是，一定是今冬最后一场雪。每一场生命都必有寒冬：破产、亲人的过世、爱人的背叛，那些挨不过的坎，也许都是时序的必然。雪落大地，冷酷至极，却也是瑞雪兆丰年。

　　好多年过去了，他当年种下的种子，已经开花结果，爆出很多小小的种子。好多年后，她送儿子去上英语班。第一节课，家长们被赶出教室外，儿子孤零零地在完全陌生的环境，所有小朋友都比他高一头。受惊的儿子，把自己尽量地躲在小椅子里，扣着背，耸着肩，老师怎么问，儿子也不肯说自己的名字。她踮着脚隔窗看着儿子，下意识地想掉泪，但她没有，她知道这是人生的必经之路。

她理解那种想把自己微缩成尘的心情。

而她决定，在后半生，她都将是一个传播善意的人，如掠过城市上空的鸟，在他人的冬天里，撒下一颗属于爱、信心与勇气的种子。就像她曾得到的那样。她已经在路上。她说：春天在哪里？春天就在每个人的手心里。

（叶倾城）

# 你是老师的"亲爱的"

　　中考之后，儿子将初中的课本全部清理了，但他却保留下了一大摞家庭作业本，并郑重其事地对我们说，这些他将永远珍藏，让我们千万不能当成废旧的本子给扔了。我随手翻了翻，这些都是儿子的科学作业本。我明白了，也郑重地点点头。初中三年，儿子对科学课逐渐产生了兴趣，而这完全得益于教他们科学课的韩老师。

　　记得儿子刚上初中，那天放学回家，他一脸潮红。才开学没几天，就又在学校犯错。"挨训啦？"我问儿子。儿子迟疑地将一个簇新的家庭作业本递给了我。是科学作业本，打开，才刚刚做了一页。和以往一样，字迹潦草，一看就是没有用心写作业。作业后面，是一句红笔写的评语："亲爱的，你的作业本，能不能像你的人一样，清秀、干净、帅气呢？"一句亲爱的，让我的血往上涌。说实话，这还是我第一次见到老师用这样的称呼，写这样的评语。我看看红字，又看看儿子，儿子低着头，我试图看出儿子对这段评语的评价，而儿子显然还没有从这句评语中缓过神来。儿子接过作业本，就回自己的房间去了。那天，儿子一直在自己的房间里写作业。晚上，儿子照例让我在作业本上签名。我惊讶地发现，儿子的作业本，第一次写得这么工整，几处写错的地方，都是用橡皮小心翼翼地擦拭干净后又重新写上的。

我不知道，从什么时候开始，儿子慢慢喜欢上了科学。但我感觉出来，他对韩老师的好感与日俱增。有一次，他无意间流露出，每天科学作业本一发到手，他就会迫不及待地打开，想看看韩老师写的评语。

"亲爱的，你忘记订正了""亲爱的，你这个解题方法很好，连老师一开始都没有想到呢""亲爱的，今天的班会上，你怎么没有发言呢？男子汉，要大胆地发表自己的观点哦""亲爱的，这次单元测试，你又进步了，我很开心"……看了这些评语，我明白儿子的变化了。想象着戴着近一千度近视镜片的韩老师，埋头在一本本作业本上批改，认真地写着评语，我的心里，就涌起一股股感动。

一次，无意间在儿子的QQ空间上，看到了他的一篇日志。他说第一次看到韩老师在作业本上喊他亲爱的，他的脸一下子红到了耳根，这是第一次有人这么喊他，虽然是年龄看起来比自己妈妈还大的人。他写道，慢慢的，他和班里的同学一样，习惯而且喜欢上了韩老师的称呼和评语。曾经很害怕也很讨厌老师的红笔，现在，韩老师的红笔评语，让他感到很温暖，像火一样，儿子最后写道。

中考结束那天，我最后一次看到韩老师。她冒雨等候在考场外，每一个从考场出来的她的学生，都得到了她一个热烈的拥抱。我站在家长群中，注视着这一切。那天，我也给了儿子一个长长的拥抱，那是儿子长得快和我一样高以来，我第一次拥抱他，很温暖。

也许多年后，长大的儿子已不记得那些青涩的少年时光，但是这句"亲爱的"，我想他会始终铭记。这简单的话语，在儿子幼嫩的生命之初，以温暖和亲切教会了儿子用心、认真，以及对自己负责。而这句"亲爱的"，我想应是儿子最富有营养的生命补给，它从中包含的内蕴，可以让儿子受益一生。

（麦父）

# 请写下你的名字

初二那年，我对前途已然绝望，内心基本上放弃了学业，只计划着混到毕业，另谋他途。班内同学都在为中考通宵达旦，唯独我，整日依旧是慢悠悠地来，风驰电掣地去。

为了让升学率有保障，学校对毕业班的师资作了调整。于是，在最后一年的初中生涯里，我认识了那位改变我一生走向的语文老师。

那是一个神色极其肃穆的老头儿，有一副冷若冰霜的面孔。不管台下是否有人呼呼大睡，他仍旧讲得抑扬顿挫，兴致勃勃。同学说他是私塾的残余，给他起个外号：老学究。

初三上学期期末的语文考试，为了不让自己的成绩落为笑料，我准备在考场上耍一点小聪明。但是，见不得光明的伎俩仍使我心里忐忑不安。监考老师走进来，竟然会是老学究！我几乎兴奋得叫出来，看那模样就知道他的视力不好。就在他低头的一瞬间，我迅速地将《全国优秀作文选》掏了出来。不大的工夫，我的作文便大功告成。

可看到其他试题时，我脑中顿时轰然炸开。20分的古文默写，这不存心要人命吗？没办法，我只能向后座求救。最后，在纸条上达成协议：最后二十分钟，我俩交换试卷，他帮我完成古文默写，我们再各自写下对方的名字，镇定自若地交卷，万无一失。

就在我们交换试卷的一瞬间，老学究从讲台上走了过来。我与后座的同学只好硬着头皮捡起落在地上的试卷，按原先的计划，故作镇定地继续作答。

"你看你，都忘了写上名字，时间快到了，赶紧把名字写上！"老学究严厉地说道。我心里可是翻江倒海，写我的名字？写后座同学的名字？要是写我的，他那张写的也是我的名字怎么办？写他的名字？老学究知道我的名字啊，这不当场露馅？

短短的十几秒，我的后背便渗满了汗珠。最后决定，按纸条上的协议，写上后座同学的名字。

老学究一直站在我的身旁，直到铃声响起，他缓缓地将我的试卷抽走，深邃地看了我一眼，抬步离去。

我万念俱灰，随着大流，垂头丧气地走出教室。"欧阳鹏，你能不能留下，帮我打扫一下教室？"欧阳鹏，那是我在试卷上写的名字。出于潜意识，我没敢回头，我后座的男生留了下来。

我恍然行走，一身冷汗淋漓。按照老学究古板的性格，我的卑劣行径一定会全校通报，我也将无处立身。我的学生时代结束了，我想。

可是，这些并没有发生。两天后，试卷讲评时，"我的作文"还成了优秀范文。

讲评后，老学究把我叫到办公室。"孩子，人生的路有多长，没人可以预知。但不管其间发生什么事，你都必须要具备承担的勇气。任何错误的时候，要敢写下自己的名字，这是一种光明磊落的人格亮点。我相信，你具备这样的亮点！"我内心除了无边的愧疚之外，更有了一种莫名的感激，双眼被泪水浸满。从那时起，我开始收心学习，并对写作热爱至今。

事隔二十年后的今日，当我坐在明亮的灯下，追忆这位让我悬崖勒马的老师时，眼里仍旧浸满着泪水。倘若他当时按照我的"罪有应得"将我打为舞弊分子，那么，原本已经悲情厌学的我，是否还有勇气去承担自己的错误，并用一种积极的人生态度走到今天呢？

（一路开花）

# 杏花飞入斜阳间

　　三月的清晨，大山里的杏花白花花地开了一坡。乍一看，如青山蒙雪。杏树下，一群脸色黝黑的孩子们，眼睛齐刷刷地盯着一座铁索桥。

　　按照得到的消息，铁索桥的那头，将有一个年轻的女教师，带着城市的时尚，穿过这座桥，到对岸的山村小学支教。这可是个天大的好消息。多年来，这里的小学没有一位外来的老师，教师一直由村支书兼任。村支书上过小学，每天搬着一本新华字典，夹杂着自己的理解，教孩子们唐诗、宋词，甚至，还有数学和体育。

　　这对于长期陷入知识饥渴的孩子们，哪里满足得了呢？况且，对于村支书本人来说，也是一种良知的煎熬，他怕误人子弟。

　　太阳越过山头，铁索桥那边的山路仍然没有动静，孩子们一动不动，眼睛直直地盯着桥的对岸。大山之间，呼啸的山风，引得山林里的鸟雀飞出飞进。

　　"孩子们，我们再排练一下为新来的老师背诵的古诗吧！"

　　在村支书的动员下，孩子们齐声诵道：

"清明时节雨纷纷，路上行人欲断魂。借问酒家何处有，牧童遥指杏花村。"

会的几首诗背了将近10遍，仍不见铁索桥上有人影。此时，他们已经等了足足5个小时。村支书告诉孩子，你们先回去吧，我继续等会儿，不行，明天我们再来。

第二天清晨，孩子们仍旧齐刷刷地站在杏树下。暮春的山风裹着寒气吹来，衣衫单薄的孩子们尽管浑身瑟瑟，却不敢挪动半步，生怕一走神错过了女老师的身影。

日上两竿的时候，对面一驾骡车火急火燎地出现了。孩子们骚动起来，那不正是派去接女老师的车吗？骡车是借对面山村的，为了给女老师代步。

铁索桥上一串摇晃，骡车上下来的那人几乎是冲锋似的扑倒在村支书的脚下。哭诉着说，女老师来不了了，为了让新来的女老师尝尝咱这里的野味儿，我射着了一只野兔，可野兔掉在了悬崖边，我去捡时，脚下一滑，幸亏女老师抓住了我，可她却滑下山坡……

当天下午，护林队找到了女老师，背着一个背包，里面放着新的语文、数学、地理，还有厚厚的一本生物书。女老师扎着长长的马尾辫儿，人很漂亮，夕阳照在她的脸上，依然很红润。杏花纷纷如雨，山风呜咽。

三个月后，铁索桥的对岸，一个背着和女老师一样背包的男老师走了过来。

他原是城市里一名银行职员，没有教师资格证，他说，从今往后，就由他来教孩子们。孩子们一脸迟疑。

他上的第一堂课是作文课，命题作文《杏花》。所有的孩子们无一例外地写到了去世的那个女老师。他们写道，那个城里来的阿姨，坐着杏花做成的船，飞到美丽的夕阳深处去了……

抱着厚厚的一摞作文本，有人发现男老师在灯下哭泣。

他，是女老师的前男友。三个月前，得知女老师非要来支教，他们分手了……

（李丹崖）

# 那一年友相伴

2003年，我被囚禁在重症监护病房。

那是人心极为惶恐的疫病流行时期，人人自危。为求自保，人与人之间的关系恍然间变得疏远。城市里狭窄密布的街道上满是戴着密实口罩行色匆匆的人们，看不出脸色，只留出紧蹙的眉头和一双双灰暗的眼睛。空气里弥散着消毒水的晦涩气味，令人压抑的恐惧感仿佛末日般地降临城市，充斥在每个角落。

在一天又一天的艰难较量中，我不幸地被厄运浸染，突发高烧。同学们凄厉地尖叫着，像看见了怪物似的要轰我出去。我很本能地向他那里望去，我分明看见了他眼里的小心翼翼，然后他向办公室走去。

很快，我就被白大褂"凶狠"地拽上救护车。透过冰冷的铁栅栏，我看见他正安分地坐着，做着懂事又听话的好孩子，他在接受老师的表扬——及时举报危情人员有功。

那一年，我在这"牢笼"里迎来了我的16岁生日。墙上时钟寂寞的声音仿佛要击碎我的心，我与白色恐怖为伍，那些如幽灵般的诡异灌满整个空间。夜晚惨淡的光线从小小的窗户透进来，另一边是紧闭的大门和更加微弱暗淡的光。窒息感死死地纠缠住我，我想从窗户外面获取一点点温暖，可除了死魂灵般灰黑的苍穹，别无其他，我愈发地觉得悲凉。

恍惚里，我听到黑暗深处的敲门声。我一个跟头翻起身来，急冲冲地向门奔去。极厚的钢化玻璃上闪现出一个球——那是一张兴冲冲甚至带着一些汗珠的红扑扑的圆脸蛋，像极了节庆里四处欢腾雀跃着的气球。我惊异地打量着，仔细地辨认，再确定，直至锁定。我终于说服自己相信——是他！他看见我的欣喜，于是便不约而同地朗声放肆地大笑。我发誓我听见了自己的快乐，真的！

然后他用嘴在玻璃上竭力地哈出几口大气来。夜里寒得浸骨的空气让玻璃上起了大雾。紧接着，他就用他的手指一笔一笔工整地在玻璃上划出几个大字，我便又看见他慢慢清晰起来的笑容从划过的地方显现，媚如暖阳的笑容里，是几个大字——生日快乐！

那一刻，我被突然的幸福感所窒息。面前的这扇钢化大门突然消失，郁积的恨意也瞬间消散。我知道我们的友谊不会被这些困难打倒。关进来的时候我是无望的，因为他对我都失去了信心。可是此刻，我的喉头竟猛然有些哽咽。我颤着欲哭的身子在这一边写上"谢谢"。

这些瞬间的铭刻虽早已消逝，却在我们的人生中注入快乐和幸福的源泉。因为彼此会永远记得，即便是经历最艰难的考验，也不会孤独。

我知道，友情可以跨过任何距离与障碍。

（余帅璋）

# 学费是四公斤垃圾

　　1970年9月，韩国汉城国立大学刚刚开学。学生们发现成堆的垃圾堆放在校园周围，苍蝇满天飞。一个暑假的疏于管理便造成了这样的现状，校长看后十分苦恼。

　　学校除了雇用清洁工外，还发动了所有的学生外出劳动。他们干了一个月，才清除了将近一个暑假的垃圾。可由于组织不当，许多垃圾遗失在了城市的街道上，这引起了城市管理部门的极度不满。他们甚至对汉城大学下了通牒，要求这样的事情不要再发生。

　　但没过多久，周围的居民又开始将垃圾堆到了原来的位置上。雇用的清洁工不断地辞职，因为这样的劳动强度对于他们来说太大了。校长苦不堪言，亲自带队挨家挨户走访，要求当地的居民爱护环境，不要再将垃圾堆放在学校周围，可是收效甚微。为此，学校组织了专业化的队伍站岗放哨，遇到堆放垃圾的群众便上前阻止，要求他们堆到指定的垃圾存放点去。但有些群众说那个地点太远了，这儿原来就是一个垃圾场，我们堆放习惯了。

　　1970年11月23日下午的某一时刻，一个男生推开了校长办公室

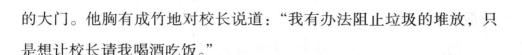
的大门。他胸有成竹地对校长说道："我有办法阻止垃圾的堆放，只是想让校长请我喝酒吃饭。"

这样的交换条件显然令校长十分意外，因为在汉城大学，还没有人敢向他宣战。校长禁不住仔细打量着这个相貌平平的年轻人。年轻人自我介绍说他叫潘基文，是外交学系的学生。

"说吧，年轻人，不要让你自己难堪。"校长说。

"我做了调查，我们周围的居民，几乎每家都有学生在我们大学里上学。"潘基文说话时十分镇定。

"这又怎样，"校长追问着，"这个我比你清楚。"

"居民堆放垃圾是一种恶习，他们总认为垃圾存放点离居民区太远，而我们学校新建时，这里本来就是一座垃圾场。"

"这个我更清楚，又怎样？校长显然有些不耐烦。"

"两个因素结合在一起，就有了办法。第一，我们可以联系环保部门，在学校的附近建一个大型的垃圾中转站；第二，也是最重要的一条，我们每月上交的学费，要求附带着上交四公斤的生活垃圾，而这些垃圾必须上交到垃圾中转站里。且有人建立账册，没有上交的学生，即使学习再好，也算作违规。"

校长眼前一亮，继而反问道："为何是每人四公斤垃圾？"

"因为每人每月四公斤的垃圾，就能够使我们学校门口保持清洁。"

校长看着这个斩钉截铁的年轻人，马上拿起了电话，拨到了市政部门办公室。

第二天一早，学校做出了硬性规定：每月收取的学费，附带上了新的条款，要求每名学生上交四公斤的生活垃圾。

时间马上到了年底，汉城大学的校门口换了新样子——从未有过的亮丽清洁。

这个替校方出谋划策的学生潘基文也一时声名鹊起，因为校长兑现了自己的诺言，请他去喝了酒，据说以前不爱喝酒的校长由此喜欢上了喝酒。

（保祥）

# 大善在山

　　洛阳新安县很穷，马头村是穷中之穷。25岁的韩冬霞从嫁进村里的那一刻起，她的一颗心就成了细细碎碎的红丝线，牵缠着每一个穷家，特别是最让她心疼的那些穷人家的孩子。

　　蜜月后，她去了乡里，请求在村里的小学当老师。这是乡官们和乡亲们喜出望外的事，多少年来，请山外教师进山比登天还难哪！

　　人间的真善大德绝不在光滑多彩的"石头"上，而是在大山黄土捧着的生灵细节中。许多孩子都是她去家里苦苦求来的，每天，她都在村头接她的学生，接到一个就亲一个，把从家里带来的好吃的都分给孩子们。但是还是有两个孩子不能到校，韩冬霞为此吃睡不安了好多天。

　　王元，一家六口。王元体弱多病，老伴憨傻耳聋，儿子是带傻的聋哑人，媳妇也是聋哑人而且患有严重的神经病，孙子孙女整天在饥饿惊吓中度日，不时尖叫大哭，亦不时藏身角落抱在一起发抖。最可怕的是住房，一家人挤在深沟的一眼破窑洞里，一下雨就冒顶塌壁，随时都有塌陷的可能。韩冬霞打算救这一家人，而且一定要让两个孩子上学！

2002年冬的那天，韩冬霞把王元一家人接到了自己的家里，并腾出了房子给这一家人住。大米白面早已备好了，锅灶家具也全有了，让这一家六口破天荒地洗了回澡，全换上了新衣服，使这从没过过正常日子的一家人过上了像模像样的日子。

除了两个孩子，那四口又憨又残的大人是连谢也不会说一声的，因为他们根本就不懂这是怎么回事。他们一时叫闹得更凶了，特别是神经病媳妇，换地儿就认生，夜里也犯病，大哭大闹、打人砸物，还没命地到处砸门叫人，弄得全村都不得安宁。韩冬霞一家更是连觉也别想睡，男人气得躲了出去，她晚上得一次又一次地去劝那媳妇，白天还得照常上课。

所有人都劝她，这家人不能救，救不了还得搭上自己的命。她说："天不救，地不救，如果人也不救，那不就是人杀人吗？"好在两个孩子知道感恩，一次次跪倒在她面前，哭谢："娘！亲娘！我俩知道，全知道。娘，我俩会长大，娘……"

让两个孩子上学，就足以成为她坚持下去的理由了。一名教师，还有什么能比从水深火热的地狱里救出两个孩子更成功的呢？

人们每天只看到韩冬霞是怎样做的：跑步去学校，跑步回家，做两家人的三顿饭，两家人的喂猪、喂牛、喂鸡及一切家务，还要给四个残疾人到处寻医治病。最幸福的一件事，就是给两个孩子加班补课，她知道，这个家的最终希望只能是这两个孩子！

这样的苦事，有多少人愿意做？又能做多久？而韩冬霞已经做了整整10年！她坚持下来了，而且成功了，村里人也都伸出了相助之手，她的家人及亲友在她的感化之下竟成立了"家庭募捐会"，各尽其力，帮韩冬霞救人救到底。而让韩冬霞最欣慰的是，两个孩子是学校里最优秀的学生。

人性往何处去，大山里的韩冬霞举起了一个路标。复杂的人性是变异的人性，简单的人性是返璞的人性。两个孩子的成长也是一种宣告：朴素的觉悟无所不能，大善在山，大善亦可救天！

（张鸣跃）

# 代课老师是总统

8月12日，在坦桑尼亚首都多多马市郊外的一个由商人建筑的坦雷姆小学里，出现了一位极为特殊的代课老师——总统贾卡亚·姆里绍·基奎特！

近些年来，坦桑尼亚的经济发展较快，很多农民和牧人都来到城市参与建设。2009年到2010年，多多马市就增加了近1万名外地孩子。但多多马市的学校无法容纳这么多孩子，像坦雷姆小学：这样的私人学校应运而生。

这些私人小学虽然使外来的孩子们接受了教育，但坦桑尼亚的法律并不允许商人们自由办学校，所以他们为孩子颁发的成绩单和毕业证书都得不到坦桑尼亚政府的承认，这些私人学校全都是"违规学校"！多多马市政府在2011年8月下令对这些学校进行彻底取缔和清理，他们决定先拿办学最早而且也最有影响力的坦雷姆小学开刀！

8月11日，当多多马市政府的执法人员来到坦雷姆小学打算依法取缔的时候，引起了老板和工人们的一致不满，双方互不相让，还引发了暴力冲突。这件事情被媒体传播给全国的同时，也进入了总统贾卡亚·姆里绍·基奎特的视线。

第二天，当多多马市政府的执法人员再次来到坦雷姆小学的时候，他们发现基奎特总统竟然站在黑板前给孩子们上课，总统见到他们后说："我是这所小学的代课老师，现在正在给孩子们上课，请不要打扰我们！"执法人员为难地说："可是总统先生，按照坦桑尼亚法律，这些学校全是违规学校，我们应该取缔他们！"

"有什么法律能比让孩子接受教育更为重要呢？多多马市政府应该是为每一个居住生活在多多马市的人服务的，当然也就包括这些外来的工人以及他们的孩子，当然也就要保证他们的孩子能接受到良好的教育！"基奎特总统说，"如果坦雷姆小学不够规范，多多马市政府就应该帮助他们，让他们变得合法规范，而不是一味地要拆除取缔，你们有这个精力来取缔清除这些学校，为什么没有精力去帮助他们，让每一座私人小学都变得更加合法和正规？"

当天晚上，基奎特总统还在国家电视台发表讲话说："我宣布，从今天开始，我是全国所有私人学校的代课老师，我要尽我的能力让他们学到更多的知识，孩子是祖国的未来，而他们能不能接受到良好的教育，将直接影响着他们今后能不能成为一个对国家和人民有用的人才，剥夺一个孩子受教育的权利是无比罪恶的，因为那无疑是在破坏祖国的未来！"

基奎特总统的讲话赢得了全国百姓的掌声和支持，拆除取缔这些私人学校而繁忙的景象一去不返，取而代之的是政府人员因帮助这些私人学校而忙碌的身影！

是啊，面对这样的总统，这样的话语，谁又能不鼓掌？谁还能无动于衷呢？该羞愧、该反思、该改变的，又岂止是多多马市政府？

（陈亦权）

# 我没有疏忽生活

　　瘦小而坚强的小桶，曾经告诉我：老师，生活一直在冷落我。

　　他这样讲，是让人心酸难过的。

　　小桶生活在乡下，据说他们那里的土地长出的红薯就像小土豆，太贫瘠了，村里很多人都选择了外出打工。小桶的父亲和姐姐也在外打工，可是父亲挣的钱还不够母亲吃药。有一年父亲回家，他精心藏在身上的钱被偷了，在他看来，这是一笔"巨款"，如此被偷走，让这个贫穷的男人一下子苍老起来。屋漏又逢连雨天，不久，他又被建筑工地的一块木板砸伤腰部，几乎干不动任何重活了。

　　那时，小桶还没有非常害怕的感觉，因为他还有个好姐姐。姐姐的婚期一推再推，想尽量多地给家里挣些钱，她计划着至少供弟弟考上大学。但不幸再一次袭击了这个善良、辛苦的人，一年春节回家，下车的时候，竟摔了一跤，跌断了右腿，不但花光了这些年的积蓄，还落下了残疾。

　　生活是这样冷落了他们，而他们仍要活下去。小桶说过：活着的人，都会想着要活得更好。当姐姐也不能再照顾他时，他想到了依靠自己。读初中时的他开始在寒，暑假和节日、周末，到县城里打短丁。回到学校，拼命地学，除了考大学的梦想在支撑着他，他还想用优异的成绩"挣"些奖学金。

小桶一直很在乎钱，是唯一一个能在我面前大大方方谈论钱的学生。他会第一个给我递交贫困生资助申请书，公开承认自己是穷孩子；他会拿着旧课本到低年级新生那里叫卖，人家有新课本，他却说自己的心得、学习的秘籍都记在上面，已经远远高于课本，这样一表白，对方竟真的买了他的课本。

小桶所做的，许多都是其他同学根本不用做的，或者顾虑太多而不知道怎么做的。他有些不给自己情面，不在乎自己好学生的形象受到影响和误解，再小的机会他也能发现、能抓住，能做到极致，能坚持到最后。用他的话来说就是：生活冷落我，我决不疏忽生活，我还有希望。说这些话的小桶，已经上到高三。

最让我意外的一句话，是小桶觉得"我似乎不是父亲的儿子，而是他的兄弟"。他其实是说自己在家庭责任面前，他们是平等的。父亲抬着那头儿，小桶抬着这头儿，所有的重量都均分在彼此的肩上。"这样想来，我有些感动，备感欣慰而骄傲。"

是的，小桶不是仅仅在养活自己，而早已弄清楚了自己的角色，当家里屋檐倾斜时，即便他是最小的孩子，也要最先冲过去，死命地用肩膀扛起来。

这个在冷落中依然能够面容清晰的孩子，是让人心生敬意的，我后来还感到我们站在一起，与其说是师生，不如说也是兄弟，我们共同承担着生活中的希望。

今年，小桶如愿考上大学。暑假里，他到一家咖啡馆里打工挣学费。他竟想着请我到那里喝咖啡，我不肯去，劝他不要破费。小桶说："老师，你不来，我可能在很长时间里都没有机会破费了。你以前拿自己的饭卡，请我吃了那么多次饭，才使我有力气学习，我请你喝一次咖啡，是不是很应该？老师，来吧，我们都别冷落了咖啡的味道！虽然它刚喝到嘴里的滋味是苦的，就像我的生活。"

（草上飞鸿）

# 三步"做"，引导我走向成功

用来指导我工作、引领我走向成功的"做"，并不复杂，仅仅需要三个简单的步骤：

## 一、试着去做——Just do it

美国一家大型旅馆联营公司的总裁史密斯在全美范围内进行考察，准备再寻找几家有潜力的公司加盟。中西部地区是他此行的重点，因为他觉得这个区域特别适合旅馆业的发展。他在一家小旅馆住了下来。史密斯以其丰富的经验和职业敏感断定，这家旅馆规模虽然不大，但地理位置优越，有着庞大的潜在客户群，如果加以扶持，一定能得到很好的发展。史密斯在没有暴露自己身份的情况下，与小旅馆的中年老板进行了一番谈话。

"旅馆生意怎么样？"史密斯问道。

"不太好。"中年老板无精打采地回答道。

"怎么会这样？"

"我也说不太清楚，可能是受经济萧条的影响吧。"

"那你下一步有什么打算呢?"

中年老板黯然地回答道:"事实上,我想了许多改进旅馆现状的方法和措施,但还没有一项付诸行动,这是因为,我一直没拿定主意,我是继续将旅馆开下去还是另谋出路。"

史密斯先生尽管特别看好这家有着诸多潜在优越条件的小旅馆,但最终还是决定忍痛割爱。他很难相信,一个宁愿花费两年的时间去做一项决定,却不愿将任何行动付诸实践的经营者。

早在1999年,根据我自身的条件,我产生了一个想法,创建一本非营利的电子杂志,将我的所学、所思、所悟写成文章,寄给那些需要激励和改变人生的人们。我的家人和朋友对此都持怀疑态度,认为我在浪费时间,不务正业,但我并没有受此影响,而悄悄地开始学习如何申请和发送电子邮件,如何编制电子杂志。

试着去做,先做起来,而不是把想法永远停滞在头脑里或口头上。

## 二、现在就做——Do it now

一个农夫决定养几只羊,于是他买了一头健壮的母羊,不久,母羊就生下了两只羊羔。农夫知道,这一带时常有野狼出没,但他认为,为区区三只羊搭建一个坚固的羊圈远不如放养划算,便没有为羊建羊圈。不久,一只羊羔被狼吃掉了,伤心的农夫安慰自己道:"这未必是件坏事,它会让活着的羊变得警惕起来。"过了几天,另外一只羊羔也被狼吃掉了，农夫沉思道："看起来，羔羊的防御性的确太差了。"两周后，母羊也被狼吃掉了，农夫痛苦地反思道："当初真应该搭建一个牢固的羊圈啊。"

农夫最终为自己的不作为付出了代价。有句著名的谚语说：不要为打翻的牛奶而哭泣。面对牛奶被打翻这一既成事实，愚蠢的人会不断地埋怨自己的粗心，并沉溺于悲哀之中不能自拔；聪明的人会一笑而过，他们知道，既然牛奶洒了，悲伤也没用；智慧的人则会立刻行动起来，为自己再煮一杯热腾腾的牛奶。

在我学会了发送邮件、编制电子杂志之后，便在网上公布了我的设想，并在全美范围内征集订阅者，然而反响与我的预想有着极大的落差，仅有47位读者对此感兴趣，有些灰心的我，有一瞬间曾打算当订阅者达到1000人时再开始编撰我的电子杂志，但我很快就打消了这个念头，决定立刻就开始动手做，终于在1999年10月，给47位读者寄去了第一期《你的人生支持系统》电子期刊。

## 三、正确地做——Do it right

正确地做包括目标正确和做得正确。

充满爱心的社会活动家桑斯特偶遇了一个贫穷的、架着双拐的男孩，决心帮助他治愈那条严重扭曲的腿，她四处奔波，筹措资金，联系医院，终于使小男孩甩掉双拐，并走进了健身房。

数年后，桑斯特在一次演讲中讲述了这件事，并告诉大家小男孩已经变成了一个健壮的小伙子，当大家都认为这个小伙子一定和桑斯特一样成为一名充满爱心、受人尊重的社会工作者时，桑斯特悲哀地告诉人们，小伙子因为抢劫正在监狱里度着他的三年刑期。桑斯特痛苦地演讲道："这是我一生中最愧疚的一件事情，我只顾忙于教他如何走路，而忽略了最重要的事情，那就是教他应该往哪里走！"

一位哲人曾经说过："人生最大的悲剧莫过于，人们穷其一生的时间，努力去攀登成功的梯子，当爬到梯子的顶部时，才猛然发现，这个梯子靠在了一个错误的建筑上。"

倘若目标错了，那么无论你在梯子上攀登得多快，做得有多好，都徒劳无益，在做之前和做的过程中，时时不忘审视一下自己的目标，一旦发现有误，及时予以矫正，才能确保自己更加有效和快捷地通往成功的目的地。

在确保目标正确的前提下，正确地做事情就会相对地变得简单和容易，我需要提醒的只有两句话：贵在坚持；欲速则不达。

从我开始创办《你的人生支持系统》电子杂志之初，亲友们的不解和不支持，迫使我不断地审问自己，我这样做究竟有没有意义？每次思考的结果是：坚持做下去。希尔、卡内基、弗罗姆、马登等人的成功事例也一再告诉我这样做没有错。其间，也不断有人劝我说，要想产生影响，必须放弃这种做法，而去写大部头著作，我抵制住了这种诱惑，坚持撰写单篇文章、编制杂志，在漫长的十余年时间里，没有一期延误，如今订阅者已经超过了10万。随着影响的不断扩大，有二十多家出版商找上门来，要将我的文章汇编成书出版，迄今，我已经出版了7本书，并产生了良好的影响。

（尹玉生　编译）

# 掌声芬芳

　　美国励志影片《叫我第一名》，讲的是一个患有妥瑞氏症的英国男孩科恩的奋斗故事。他的成功，离不开母亲始终如一的爱和鼓励，离不开朋友的呵护和支持。当然了，他上中学时，遇到的那位校长，用特别的方式给予他的爱，更是非同寻常。

　　妥瑞氏症，是一种难以治愈的病症，具体症状是多动，且嘴里总要发出像犬吠一样的怪声。就因为这样，科恩上小学的时候，常被学生耻笑甚至是欺负，老师不理解他，就连他的父亲，也不愿和他待在一起。

　　升入中学之后，情况没有多大的改变。一天，因为在课上发出怪声，他被愤怒的老师交给了校长。校长明白原委后，对科恩说，学校礼堂下午有场音乐会，你去参加吧。科恩当时就拒绝了。因为，他知道，他发出的怪声，会给音乐会带来灭顶之灾。

　　但，校长微笑着，坚持希望科恩能去。

　　果然不出所料，悠扬的音乐会，因为科恩的到场，变得非常糟糕。他的怪叫声，不仅搅扰了音乐会，还引得学生们不时发出哄笑。

校长就坐在台上，一向严厉的他，看到发生的这一切后，居然并不去制止，仿佛没有发生一样。

音乐会结束了，就在大家都要走的时候，校长开口了。校长说，谢谢大家喜欢音乐会，但是，在这个过程中，始终充斥着一种让人生厌的噪声，而这种噪音，就是一个叫科恩的同学发出的。说完，校长一指科恩，把他叫上了台。

大家都以为校长会当着所有人的面，趁机责备科恩一番，或者让科恩当场道歉。然而，接下来发生的一切，出乎了所有人的预料。

"科恩，你喜欢发出噪声惹人烦吗？"

"不，校长先生。"

"那你干吗还要这样做呢？"

"因为我患有妥瑞氏症。"

"妥瑞氏症？这是一种什么病？"

"哦，是，是大脑里的一种东西，让我发出了怪声。"

"如果，你用意志，可以控制住它吗？"

"不能，校长先生，这是一种病，不能自我控制。"

"好吧，那你为什么不去治好它？"

"现在还无药可治，校长先生。当然了，包括我，也很讨厌这种怪声。大家越是笑话我，我就越紧张，而越紧张，这种病，就会更加厉害。如果同学们都接受了，我放松下来，就不会这么糟糕了。"

"那，我们能为你做些什么呢？当然了，我是说学校的每一个人，能帮你做些什么呢，科恩？"

　　"我，我只希望能像其他人一样，得到平等的对待……"

　　整个音乐会的现场，由于校长与科恩的一问一答，而变得鸦雀无声。随后，所有的老师和同学都站了起来，长时间为科恩鼓掌。那掌声，既是对校长爱的智慧的肯定，更是对科恩的同情、理解和尊重。雷动的掌声弥漫着人性的芬芳，响彻整个礼堂，仿佛是刚才那场音乐会的高潮，温暖、持久，充满着激荡人心的力量。

　　科恩站在那里，眼里蓄满泪光。他知道，这掌声，会在以后的日子里，汇集成一座爱的桥梁，引领他走向人生明媚的前方。

　　　　　　　　　　　　　　　　　　　　　　　　　　　（马德）

# 生活即作文

　　朋友的孩子，在全省中学生暑假作文比赛中，获得了一等奖。这大大出乎我们的意料，因为这孩子从小就不喜欢语文，尤其不喜欢写作文，他的作文水平怎么提高得这么快？

　　几个同为孩子作文差而苦恼的家长，找到了这位朋友，道贺并取经。

　　朋友明白了大家的来意，拿出了厚厚一摞孩子这几年的作文本，让我们看。朋友告诉我们，自从上初中后，儿子的语文成绩，特别是作文水平，稳步提高，这得益于他的语文老师，也是班主任的张老师。不单朋友的孩子，张老师的学生，作文普遍写得好。朋友说，秘诀就在这些作文本里。

　　我顺手打开一本，是孩子初一的作文本。翻开，第一篇作文的标题就吓了我一跳：《我为什么和王伟同学打架》，这哪里是作文啊，分明是一篇检讨书嘛。朋友笑笑说，没错，是检讨书，但也是作文，你可以仔细看看。我好奇地读下去。开头的字迹，有点潦草，隐约可见孩子当时的情绪，还没有完全平息下来，他写道，"从我见到王伟的第一天起，我就预感到，要不了多久，我就非和他打一架不可，因为他太傲了！"别说，写得还挺引人入胜。往下读下去，原来这个王伟同学，小学时成绩就非常好，整个小学阶段，全是班长，所以，一开学，他就以班长自居，这引起了包括朋友孩子在内的一帮同学的不满。作文里还比较详细地记述了他和王伟打架的经过。后面的字迹，越来越秀气、干净，看得出，孩子写着写着，情绪慢慢平静下来。但这也算是作文吗？更让我诧异的，是文后的红笔批语："文章有真情实感，条理清晰，对自己的剖析也很到位，但是，对打架过程的描写，还缺少细节，显得不够生动。加油哦！"

我问朋友，这批语是谁写的？朋友笑着说，当然是班主任张老师啊。这是孩子进初中后，写的第一篇作文。那次孩子和同学王伟打架后，张老师没有批评他们，也没有叫家长，而是让他们俩各写一篇作文，记述打架的经过，并进行反省。以前儿子写作文，三言两语就没词了，那一次，洋洋洒洒写了一千多字，还意犹未尽，而且，作文还得到了老师的肯定，这是孩子完全没有想到的。

朋友示意我继续看下去。往下翻，看到一篇作文，标题只有一个字《疼》。朋友解释说，这篇作文是孩子一次生病，肚子疼，到医院看病的经过。这是作为请假条而写的。请假条？我不解地看着朋友。朋友说，是的，请假条。张老师对学生们说过，家中有事，或者自己生病不舒服什么的，都可以请假，而且不需要写请假条，只要打声招呼，并在事后补写一篇作文，记述自己生病的感受、看病的过程，或者事情的来龙去脉就可以。听朋友这么一解释，我也忍不住乐了，还有这样的好事啊，记得我们做学生时，要想向老师请假，必须搜肠刮肚找个适宜的请假理由，没想到做张老师的学生，只要交一篇作文就可以了。在这篇《疼》里，孩子的一句话，让我既心疼，又好笑。他说自己在坐公交车去医院的路上，因为肚子疼，佝偻着腰，像一个苦巴巴的小老头，他还描写那个疼，像是肠子在肚子里打了结，他写道，那一刻，真是恨不得扒开自己的肚皮，像解开绳子一样，解开那个结，那就舒服了。老师用红笔在这一段画了着重线，并在一旁写下评语：很同情你，也很钦佩你的幽默感哦。

一本作文本翻下来，除了几篇我们常见的命题作文外，大多是类似的即兴作文——有一篇写的是迟到的原因和经过，对路上堵车时的急迫心情，描绘得有声有色；有一篇写的是为什么上课走神，因为自己被窗外突然飞过的一只鸟吸引了，后面是一大段想象的文字，像长了翅膀一样；一篇写的是自己和一个女同学的矛盾，两个人的对门，以及女同学的神情描写，活灵活现……

另外几本作文本，也大致如此。朋友告诉我们，儿子读初中这三年，作文写了十几本，除了常规的课堂作文外，大量的作文都是由此而生：因为和同学打架，写过4篇作文；因为迟到或早退，写过7篇作文；因为有事请假，写过3篇作文；因为不遵守课堂纪律，写过6篇作文；因为吃零食，写过5篇作文……这些作文，不少是作为惩罚性的，唯一的要求是，每一篇都必须写得真实生动，与众不同，内容和感受都不得重复，因为都是亲身经历，所以孩子也有话可写。在每一篇这样的作文后面，张老师都会对作文进行点评，对孩子的行为进行点化。朋友感叹说，润物细无声，没想到几年下来，孩子不但爱上了作文，写得越来越好，而且，所犯的错误也逐渐减少，以至到初三之后，基本上就没再犯过什么错，自然也没再被惩罚写作文，而他自己，却给自己下了任务，养成了每天写日记的习惯。

对这位未曾谋面的张老师，心生崇敬，他教会孩子的，不仅是写作文，爱作文，而是生活的积累，是对人生的积极思索啊。

（孙道荣）

# 最伟大的老师在你身边

你知道世界上90%的冰层覆盖在南极洲上吗？这也就意味着世界上绝大部分的淡水储备位于该洲。与此同时，南极洲还是地球上最干燥的大陆，其绝对湿度甚至低于戈壁沙漠。

如果你喜好生物学，你也许对蜉蝣有所了解。孵化后，它需要三年时间才能达到个体的成熟，而成熟的那一天，即迎来了它的成人礼，同时也是它的死亡纪念日：在这一天里，它会交配、产卵直至死亡。那该是怎样悲壮的一天。

下回当你打扫房间的时候，你可能对自己正在做什么突发兴趣，然后了解到大部分自己眼中的尘粒其实是微小的皮屑。我猜想，你一定不想知道到底有多少死皮掉在了你最爱的枕头上。

你知道蒙娜丽莎没有眉毛吗？或者知道自己大脑中80%的物质都是水吗？

以上我提到的这些知识是不是都很有趣？但是即使我们对它们知之甚少又能怎样？我想它们中的任何内容都无法对你的人生有所改变。那么在这个知识爆炸的时代，什么才是真正对我们有帮助的东西，能够让我们过上更快乐、更美满、更有意义的生活呢？答案就是从别人身上学到的东西，特别是你周围的"老师"教给你的东西。

就让我以罗斯·佩罗为例给你解释一下。提到罗斯·佩罗，我们想到的是全球最大计算机服务公司 EDS 的创办者，美国历史上最成功的独立竞选人，曾经组织越狱行动，将两名 EDS 员工从伊朗的监狱中营救出来……到底是什么造就了他非凡的人生？答案就是他从母亲身上学到的知识。

佩罗小时候，恰逢美国经济大萧条时期。在小佩罗的记忆里，流浪汉敲门向他们索要食物已经成了生活的一部分。他感到很奇怪，怎么就有那么多人刚巧就敲了他们家的门呢？要知道周围的住家还有很多。终于有一天，他发现了他们敲门的秘密：原来他家屋外的篱笆上被人刻上了一个白色的标记，那是流浪汉们的暗语，代表这家人好说话。佩罗立刻跑去跟妈妈说了，问妈妈要不要把标记去掉。而妈妈似乎早已知道了这件事，只是平静地告诉他，做人一定要做有担当的人，施舍也是人生的一部分。这成为佩罗永远难忘的一课。后来佩罗回忆自己之所以能得到许多人不可企及的东西，就是因为周围人的心灵和精神是他耳濡目染的力量源泉。相对而言，书本上的知识反倒显得不是那么重要。

当然，这并不是说书本上的知识可以不学，而是说，有的时候，我们生命中最伟大的老师往往不是那些拿着教鞭的人，而是我们的父母、朋友、配偶和孩子们。总而言之，是我们周围的人。不同于职业教师的机械灌输，他们对我们施以的影响是潜移默化的，更能渗透到我们的灵魂里。

同时，你一定要记得，自己也是那些伟大老师中的一员：一方面，你是自己的老师，你用自己的想法指导着自己的人生。另一方面，你也是你周围人的老师，你用自己的行为举止影响着这个世界。我与他，或者与她，彼此学习，共同进步。当然，在我们的进步过程中，也在推动着世界进步。当我写下这些文字的时候，不禁在想，我的这一举动又会影响到谁呢？不管影响到谁，我都希望你的改变可以让这个世界更加精彩。

（董晨晨　编译）

# 香蕉皮的味道

16岁那年，他以超出重点高中50分的成绩，考取了省城的一所中专校。

他选择上中专，事与心违。懵懂少年的心，曾对自己的学业描绘好美丽的彩虹——上重点高中，考取北大或清华……然而，初中三年，他目睹了家中的变数，大哥以3分之差，被大学拒之门外，长达两年一蹶不振；父亲因脾肿大，动了切除手术，失去了劳动能力；不识字的母亲因误用农药，把20亩扬花结穗的稻子，喷洒得颗粒无收。

他中考的优异成绩，没有给家人带来惊喜，反而是左右为难的幽怨。母亲的一句话"就是砸锅卖铁，也要让三儿读书！"如一声春雷，惊醒了冬眠在自己美好人生中的他——上中专，不但避免重蹈大哥高考落榜给家庭带来伤害的覆辙；而且中专毕业国家包分配，有了工作，就可分担母亲生活的重担……

省城中专校园的时光，对于别人，处处充满了新奇；对于他，像一张无边的网，笼罩着他委屈自卑的心灵！尽管他的录取成绩，被同学们和老师唏嘘着想触摸他背后的故事，但他把心灵包裹得像一只蛹，始终不准备破茧化蝶！

他的举止，被班主任，一位年轻的东北女教师关注。女教师没有从正面了解他录取成绩背后的故事，只是以他优异的成绩推选他做学习委员。

转眼到了中秋节，近路的和一些家庭条件好的同学陆续回家过节，留在校园的，只是路远的，和一些家庭贫困的同学，也包括——他！女教师的家远在东北，她把对家人的思念转移到班上没回家的同学身上——月饼、水果……女教师拎到了教室外可以赏月的走廊上，没回家的同学呼啦着搬来了桌椅，学着老家敬月的风俗摆起了月饼、水果。他被女教师陪他们赏月而感动。大家围成圈，挨个唱着各自家乡敬月的民谣，女教师把他拉到身边，像姐姐一样陪伴他，渐渐地，他也沉浸在赏月的喜悦中，也清唱了一首家乡的敬月民谣……

敬月过后，大家开始分享食品，面对眼前的食品水果，他很木讷，尤其是一挂金黄的香蕉诱得他举手不止——因为他从没看见过香蕉！女教师发现了他的窘迫，微笑着掰了一根香蕉递到他的手中，他被老师猜中心意无微不至的关怀感动得无声落泪，他颤抖着，吃起香蕉，带皮！片刻，一种涩中裹甜的甘味漫过他的舌、喉……他真想感叹天下竟有如此美味的水果！然而，一位快嘴的女同学，热情而惊讶起来——香蕉，你怎么连皮一起吃啦！顿时，他羞得停住咀嚼的嘴，恨自己的无知！女教师连忙制止住那位正准备教他如何吃香蕉的女生，掰下一根香蕉，自己也带皮咬了一口，一边咀嚼，一边微笑着跟大家讲解："许多水果的皮，含有丰富的营养，香蕉皮也不例外，而且香蕉皮的味道很不错的！不信，你们试试，告诉我香蕉带皮吃的味道？"那位女生一时不解老师的怪止，不情愿地咬了一口带皮的香蕉。

"涩中裹甜！以前真没吃出过香蕉这样的味道！""香蕉皮的硬，香蕉肉的软，真是软硬兼施！"……大家七嘴八舌谈论着香蕉带皮吃的味道……

夜深了，赏月的走廊，女教师仍陪着他，讲着香蕉皮味道以外的人生，他来到陌生的城市，第一次被人关怀起心灵……

成年后，他家中一直常备香蕉，他吃香蕉，一直连皮吃，他喜欢那种涩中裹甜的味道，像人生，更像东北女教师爱的味道，回味无穷……

（胥加生）

# 向人求教的学问

在工作、学习和生活中，我们经常会碰到不懂的问题，有时也会遇上一些难以处理的复杂事情，初涉人世的青年恐怕会更多一些。碰到了难办的事，怎么办？向别人求教是我们经常采取的一种方法。求教，说来容易，其实也并非易事。求教不当，不但不能使问题得到解决，而且还可能影响彼此的关系，甚至给人留下不好的印象。应该怎样求教于别人呢？

## 一、求教之前多琢磨

需要向别人求教的问题或事情，必须是自己经过反复思考或多次实践之后仍无法解决的问题，必须是确确实实有一定难度的事。不要动辄就问，动辄就去央求人，更不要自己连意思都没弄明白，自己连内容都没了解全面就草率地去请教别人。否则，会被人看作做事莽撞，头脑简单。有些求教于人的事，本来只要多想想、多试试，自己是完全可以解决的，但有些人或懒惰、或胆小、或马虎、或不相信自己，就只想求教于人。动不动就去麻烦人家，这种行为是不可取的，它不利于自己独立性的培养，麻烦人家多了，也容易使人产生不快。某单位青年小鲁，结婚前有朋友送他一只新式高压锅，婚后准备启用时，不知道怎么装配，试了几下，都觉得不大对头，而且还多出一个配件。他连忙下楼跑到对面五楼，找到在商店工作的徐师傅，请求帮助。徐师傅家正有客人，于是他就等。一等两等，十几分钟过去了，徐师傅被等得不好意思起来，就叫客人单独坐一会儿，先去小鲁家帮忙。到了小鲁家，徐师傅一看，便问："说明书呢？"小鲁这时才想起还有说明书，急忙找来仔细一看，原来很简单。徐师傅见此，一声不响，转身就走。小鲁这样的求教，无疑太草率了些，它既给别人增加了不必要的麻烦，又给人造成了做事不细心的印象。

## 二、掌握分寸莫过分

向别人求教，以求得到指导和帮助，这是完全可以的，有时，也是一种谦虚的表现。根据我们民族的优良传统，一般人也都是乐意给予指导和帮助的，有的还很热情。但对求教者来说，一定要掌握分寸，不能提出过分的要求，不能要求对方花费很大的精力，甚至要求对方承担一定的经济支出，也不能在时间等问题上提出苛刻的要求。否则，就是不识相，便会遭人反感。如果知道自己求教的问题难度很大，不是一下子就可以解决的，可以事先同对方联系一下：有无时间？有无精力？如果准备付给一定的报酬，也可事先说明或巧妙暗示。青年教师狄某，在暑假写了篇关于学科教学方面的研究论文，全文有五千多字。写好后，送到市教研室一位教研员手里，要求指导和修改，并希望向有关刊物推荐发表，还说时间上越快越好。当时正值开学之初，教研员工作很多，他说最近几天没空儿，尽可能在十天之内看一看。其间，狄某多次打电话催问。在再三催问下，教研员暂时丢开了其他事情，先审读他的论文。读后，又写下了具体意见：哪里应补充些材料，哪里可删掉，哪里要压缩等，一一指明。狄某看了意见后，对教研员又提出了新的要求：请其为论文寻找和补充几则材料。教研员表示无能为力，狄某却还是抓住人家不放，说没其他办法了，只得请他再费点儿心了，帮忙就帮到底了。弄得教研员十分为难。求教于人，变成了逼人代劳，实在是过分了点。

## 三、求教之中须认真

在接受别人的具体指导过程中，求教者务必专心和虚心。专心，就是要集中精力，仔细地听指导者讲述，或认真地看指导者操作，尽可能全部理解和掌握，不要心不在焉，他讲他的，你干你的，不要把向人求教的事推作是对方的事。假如这样，既是对人的不尊重，又会影响人家的情绪，从而使其失去继续指导的耐心。虚心，就是要实事求是，老老实实，不懂不会就说不懂不会，不要怕被人说蠢说笨而不懂装懂。不懂装懂，最后吃亏的还是自己。对别人的指导有不同的意见，可以用商量的口气提出来，即使断定人家的某一些指导必错无疑，提出时，语言也要尽可能委婉些，以免人家尴尬，在言行上，一定要恭敬，有礼貌，不要随随便便、大大咧咧，尤其是对老师，长者、领导。小马大专毕业后分配到一家公司的设计室工作。半年后，他单独设计了一张园林建筑方面的图纸。通过熟人介绍，他把图纸送给本市一位有名望的高级工程师，想请他做些具体指导。送去时，高工正在吃饭。他很热情，叫小马先坐一下，看会儿报纸。高工吃完后，一抹嘴，马上就拿起图纸看了起来，还边看边问。这时，小马理应起身，恭候在高工身旁，及时说明，认真答问。可他却仍然半躺在沙发上，跷着二郎腿，一边翻报纸，一边有口无心地答着，有的还答非所问。高工颇为不快，心想：或许他是来向我炫耀的，根本不是来求教的，于是就笼统地赞扬几句，把图纸退还给小马。直到这时，小马才站起，再作诚恳的解释，但为时已晚，高工推说水平有限，无以指教。小马失去了这样一个机会，确实令人遗憾。

## 四、真诚致谢勿偏颇

求教的事在别人的指教和帮助下，顺利地解决了，就要及时而真诚地予以感谢，或精神的，或物质的，视具体情况而定。对指教者花费了很大的心血的要感谢，对花费心血不多甚至很少的，只要对自己的事有益，也要感谢。有些难题，特别是科学技术方面的，不懂的人折腾十天八天，也可能解决不了，而懂行的人说不定只需一两分钟就能成功解决。有些人，对花费了时间和精力的指导者，一般不会忘记感谢，而对似乎没有花费时间和精力的指导者，往往缺少必要的感谢，认为反正没有花费他什么。其实，这是不公平的。对有些科学技术方面的难题，尽管内行的人也许一两分钟就能解决，但必须知道：它很可能是以许许多多的知识和智慧为基础的，很可能凝聚了十几年乃至几十年的心血。因此，对这一类的指导者，我们同样应给予真诚的感谢。浙南某地一家乡镇企业，去年从外地购置一台加工机械，运来后当即组装，试机时，一切正常。工作两周后，声音越来越响。此时，厂家前来帮助组装的工程师已经返回，如再请他们来检查调试，不但费时，影响生产，而且路途遥远，旅差费开支也很大。面对这种情况，他们先请本县一位机械工程师来厂检查指导。工程师检查后，叫他们把左侧的一颗螺丝拧紧一点，把右侧上方的另一颗螺丝旋松几圈。重新开机一试，声音果然正常了。对这前后不到五分钟的指导，企业的领导十分重视，当即郑重地包了一个300元的红包作为酬金，还一再挽留他在厂里吃了饭再走。由于厂家的盛情，这位工程师与他们建立了深厚的感情，以后一有机会，就到厂里转转看看，帮助他们解决了不少技术性问题。

## 五、求教不成不指责

如果你所求教的人无能为力，没法给予指导，或者由于某种原因不肯指导你，那也不要随便寒碜人家、指责人家。有些事情，在你看来，难度好像不大，只要比自己稍微内行一点，或稍微多一点学问就能解决，其实，这事难度还很大，没有专业知识和技能的人是不可能解决的。对无力给予指导的人，求教者不要随意指责，也不能寒碜他们，"还算有什么什么头衔呢，连这点事都做不了，我看也是个草包"这类话是万万说不得的。有些事情，人家愿意指导和帮助，但最后没有达到目的，对此，也应表示感谢。"鼓捣了半天，还没弄好。嘿！自己还以为有什么本事呢"这类话也不能说，在求教时，还可能碰到这样的情况：他们懂，内行，有指导你们的水平和能力，但他们不愿指导，一旦遇到此类情况，求教者不能记恨在心，把他们当作仇人，而是要设身处地，尽可能理解他们。因为他们有自己的事，他们没有义务一定要给你指导，也许他们正在做的事比指导你的事更重要、更紧迫。当不能求得别人指导时，你还可以冷静地想一想，求教的方式是否恰当？求教的对象是否合适？某地有一位爱好文学的青年，利用业余时间写了部十余万字的中篇小说，完稿后，寄给了在上海的一位大学中文系老教授，并写了封信，要求给予指教并提出修改意见。没几天，他收到了邮件，打开一看，稿子原封未动，只字未见。对此，这位文学青年很恼火，又写了封信给教授，批评他不关心文学青年，缺少爱心。毫无疑问，这位青年的求教是不够明智的，后来的批评更是无理之至。

（朱华贤）

# 重视德才　言传身教

　　林宾日（生卒年不详），清朝的秀才，一生以执教私塾为业。他是我国近代史上第一个坚决抵抗帝国主义侵略的民族英雄、鸦片战争时期的杰出政治家林则徐的父亲。

　　林宾日是一个不得志而又望子成龙的封建知识分子。他执教将近50年，培养出大批生徒，有的中了举人，有的进士及第，而最为成功的是他培养出了林则徐这个中华英才。林宾日37岁才得林则徐，期望他日后出人头地，光宗耀祖。林宾日既是儿子的慈父，更是儿子的良师。林则徐自幼聪慧，4岁时，父亲教他读书识字，7岁时，又教他吟诗作文。一因父亲循循善教，二因少年林则徐苦读，很小时林则徐就以"童年擅文"、才思敏捷而闻名乡里。有次元宵节，老师给学生出对子"点几盏灯为乾坤作福"，则徐应声对答："打一声鼓代天地行威。"一次老师带学生游福州的鼓山，要求学生以"山""海"二字做七言联句。同学们还在冥思苦想中，他已出口成章："海到无边天作岸，山登绝顶我为峰"。另有乡外名士不信少年林则徐的文思如此敏捷，便要求现场一试，出上句"鸭母无鞋空洗脚"，则徐应声对答："鸡公有髻不梳头。"人们拍手叫绝，名士更是啧啧不已，深信其才智超人。聪明好学的林则徐，13岁府试第一，20岁中举，27岁得中进士。他与一般读书人不同，从不求功名利禄，只求为社稷苍生谋福。

林宾日认为不仅要把孩子教育成才华横溢的人才，而且要让他抱负远大，成就大业，这就必须帮助他克服办事过程中的粗心、易怒的急性子毛病。怎样培养儿子具有认真细致、谨慎从事的精神呢？林宾日特意把子女聚集一起讲"急性判官"的故事。这次讲故事对林则徐教育极大，后来他做了大官，无论在哪里供职都总是在墙上挂上自己亲笔书写的"制怒"二字，警诫自己不犯急躁、易怒的毛病。

教育林则徐清白做人，是林宾日教子的另一特点。他觉得做人为官，正直廉洁、品德高尚是头等重要的事情。因此总是严格要求自己，做子女的表率，处处注意言传身教。为了儿子的进步，他总是经常把自己遇到的人和事，做出是非判断后告诉林则徐。乡里一家富户曾经重金聘他当家庭教师，这对于家境清贫的林宾日这个私塾先生来说，无疑是个福音。但林宾日想到这户人家巧取豪夺的恶行，便当着儿子面表示：宁肯饿死，也决不应聘。还有一个土豪要求林宾日为他保送文童，用许多钱财贿赂求情，他断然拒贿不办。在义与利面前，林宾日总是以义为重，为儿子树立了光辉榜样。父亲的思想品德和事迹，在林则徐思想上打下了深深的烙印，成为他

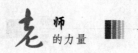

以后自己为官清廉，痛恨贪官污吏，爱国爱民的重要思想根源，为他以后成为我国历史上著名的爱国民族英雄，奠定了坚实的思想基础。

（摘自桑逢文等主编的《古今中外人格事典》）

# 年轻时离宽容很远

　　上课的时候，与学生展开讨论。就一个问题：假若时光可以倒流，你更愿意生活在哪个朝代？

　　一个抹眼影的女孩，宣称说自己最愿意生活在唐朝，因为武则天竟然可以当皇帝，足可见那时女人的地位有多高。这一句触怒了身旁一个东北来的大男生，他嚷嚷道：可最后还不是被男人重新给夺了皇位去？总是一脸自信的班长，站起来信誓旦旦道：自己还是愿意生活在当下，因为古代既没有电视可看，也没有电脑玩，而且老百姓衣不蔽体，生活艰辛，温饱都无法解决，那活着可真受罪。班长后位的男生听了即刻反驳：你怎么就能肯定那时人们会不如现在的我们幸福，说不定人家精神比你充实呢！班长直接将声音提高了八度：物质都没法保障，精神生活更不用提了！

　　眼看着班长和后位的男生要吵起来，我赶紧转移话题，让他们两个不至于在课堂上就动了武。但看看他们的脸色，也知道课下的隔阂是必不可少了。但这让我突然想起一次在班里表扬另外一个班的男生所写的诗歌，台下一个男生当即不屑一顾地撇嘴道：就这，还叫诗歌？我也能写，而且，一点都不比他差。我只好圆场：那下节课希望大屏幕上有你的大作哦。

又看一个学生的博客，匿了名，写宿舍里一个男生养了小狗，却总是对它骂骂咧咧，似乎他的生命真的比这只狗要高贵很多。又提及舍友与自己总是作对，但凡自己觉得好的，他必定提反对意见，有时自己兴致勃勃给周围同学朗诵一段诗词，他当即嘲笑，说，真难听。有那么几次，他几乎和舍友想要打上一架，狠狠地将心里淤积的愤怒全都发泄出去，可是最终，他选择了沉默。但是，这却让他一日日活在痛苦之中，以致他想要逃避回家，并在博客里质问父母，为何将他送到这样一个处处是冷漠敌人的大学里。

我不知道如何安慰这些抱怨多于思考的学生。他们的痛苦，我也曾历经，却远没有他们这一代人这样强烈，一面希望被人欣赏，一面却又从不会主动地学会欣赏别人。宽容与忍耐，在身为独生子女的他们的心里变得如此稀缺而且奢侈。在这个宽阔的校园里，他们与周围同学之间的距离，隔着一条窄窄的通道，甚至是一个书桌，或者一张床板，可是，这样的距离，却又遥远到不可逾越，就连一个温暖的短信、一句素常的问候，都不能够给予。

那些下课后的学生，对我道一声"再见"，便穿过热闹的人群，孤独地离开教室，去食堂吃饭了，我常常替他们感伤。他们宁可一个人享受盛宴，也不愿邀请某个除了上课便很少会相见的同班同学，一起品一杯可乐，或者在阳光下的湖边小坐片刻。反而那些虚拟不可触摸的网友、博友、微博友，会让他们日日窝在宿舍里，聊到夜深人静，还觉得兴致盎然。

曾经问一个学生，你们要如何才能学会容忍外人的错误或者挑剔呢？你们可以在网上如鱼得水，或者在博客日志里对陌生人敞开，可是，为什么却不能像老师宽容你们的迟到、偶尔的任性、上课的尖叫一样，对近在咫尺的同学绽开可以泯去仇怨的笑容，或者张开能够拥抱天空的双臂？这个被问到的学生，朝我耸耸肩道：其实我很宽容，如果他们主动来一笑泯恩仇，我又怎会纠缠至此？

我笑，并即刻明白，他们距离宽容，为何总是有漫漫长途。

（艾美丽）

# 你有不顾一切的念头吗

　　曾看过一篇文章，讲述的是两个年轻人为了实现若干年前许下的相见的承诺，在风雨交加的夜晚，不顾天气恶劣、交通不便，而准时赶到见面地点的故事。文章的题目是《一诺千金》，表现了两个年轻人守信的品质。

　　当时阅读时，只是觉得两人守信这一点很可贵。时过境迁，再次欣赏，突然被年轻人为达成诺言而不顾一切的念头深深地打动。

　　我们年幼时有许多天真的想法，为实现它们还不惜付出很多的代价。长大后，变得成熟，变得学会保护自己。我们知道，生命不可能像万花筒似的，每天都有眼花缭乱的巨变，那样的生命虽然花哨艳丽，却极不牢靠。于是，在电闪雷鸣的夜晚，我们躲在家里防止淋雨受凉；在季节更替的时候，注意及时添减衣物；在艰涩棘手的难题面前，理解了如何运筹帷幄；在钩心斗角的人际关系里，学会了如何游刃有余；在吹毛求疵的人面前，懂得了如何尽善尽美。

　　我们满意今天的练达，但是我们却没有发现，今天的我们长出鲜明的牙鞘已经困难，我们不愿为了什么而不顾一切。我们觉得那样的念头，只会如孤注一掷般成为别人的笑柄，那是幼稚，甚至是可耻。成熟成就了我们的患得患失，要同时权衡的事情太多，我们的心已经不像当初那样清莹澄澈。

不宁的心态，使我们掠过楷书直奔行草，于是随处可见烟云满纸，张声作势，仿佛漫漫的艺术长途一夜之间可以走到尽头。只要生活和精神的投射稍有分神，悟道的锋芒就像强弩之末，无力穿透鲁缟了。缘由是显而易见的，一方面是需要淡泊静味的安宁，另一方面又是现实的浮躁。

如今，再擦破手，感觉上比年幼时擦破手还要痛得多。那是因为，现在我们太懂得所谓的保护自我，唯唯诺诺地规矩做人。我们已是一粒粒的卵石，足够圆滑，并且知道如何来避免伤害，所以难得有破皮流血的机会。但是我们又可曾想过，如果事事都不肯放手一搏，人生又何来真实和激情、成败与梦想？始终保持一个完完整整不受伤的自己，有什么用呢？我们非要把自己保卫得好好的不可吗？是不是因为我们其实太年轻，只因一身肌肤太完整，就舍不得碰撞，就害怕受创，就摒弃了一个个不顾一切的念头呢？

"游心于物之初"，这在当时只是庄子个人的小小愿望，千年岁月悄然飘逝之后，应该成为我们深切的渴望。不只是淡泊恬静，更有返璞归真的豁达和张弛之间的气度。不顾一切，不是年幼的无知和莽撞，有时恰恰是顾及了人生很多方面后激发的勇气和激情，是一种自我的实现。

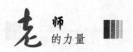

　　人生需要稳扎稳打，需要一步一个脚印。然而适时地闪过几个不顾一切的念头，也未必是幼稚和可笑。老夫尚且聊发少年狂，追梦赶路的人哪，你的自信和勇敢又到哪儿去了呢？

（刘悦）

# 别让猜忌挡住了那份亮光

一次开会时，员工小王站起来给大家倒了一圈水。他先从左边的副经理倒起，然后是员工小张、小李、总经理和另一位副经理，最后是他自己。

小小的一件事，在每个人的心里演化成了不同意味的故事。

小王左边的副经理：哦，谢谢。——视若无睹，没有任何反应。

小张：切，马屁精。可真会表现自己呀。要是头儿不在，看他还倒不倒茶！——小王从此沦为小张心中善于溜须拍马、迎合上司的丑角。

小李：哎呀，糟啦，为什么我没想起来去倒水呢？下次一定要抢在他前面。——小王从此有了一个竞争对手。

总经理：嗯，不错，小王挺懂事的。——小王从此赢得总经理的青睐。

小王右边的副总：他为何不从右边开始倒？右边不是离总经理更近吗？这分明是看得起另一个副总而看不起我嘛！——小王莫名其妙地成为这个副经理的敌人。

其实，小王只是口渴得厉害，又不好意思光是自己一个人喝茶，于是出于礼貌给大家都倒了水。至于倒水的顺序，完全是不经意间形成的，没有任何讲究。

人们相处一起，是多么的不容易。有的人很容易用自己的眼光去看待人和事，将事情想象得跟自己设计的一模一样，结果，挡住了善意的亮光。这不仅"黑"了别人，也"暗"了自己。让我们敞开自己的胸膛，用宽容和大度，对误解大手一挥：我只在意自己怎么做，不在意你怎么想！

（许松华）

# 为了不爱的拒绝

那年，她大学毕业去报社实习，领导为她安排工作时，正遇上他去送稿。领导当即指着他说："喏，这是咱们报社的头牌，你以后就跟着他干。"

她看向他，个子不高，微胖，戴一副黑框眼镜，很普通的一个男人。可是他抬眼看她时，眼神中交织的凌厉与温情，敏锐与狡黠，却让她的心瞬间迷乱。

她跟着他工作，他顶着压力为轧人逃逸事件追踪报道，为身患骨癌的孩子争取救助而四下奔走……成熟、果敢，又不乏温情。在他的身上，她看到一个记者的正义与担当，也看到了一个男人的超凡魅力。

慢慢的，他的人，他走路的姿势，都映在她的心里。她跟同事聊天，拉三扯四最后总能扯到他身上，装着无意，打探他的消息。

很快便知道了，他结婚四年，有一个两岁的儿子，老家在湖南，曾经是当地的高考文科状元。明知道没有结果，可她不想阻止自己陷落的心，就这样默默地看着他，也很好。

他是个迟钝的男人，她的内心已经为他风起云涌，他却丝毫不知，安之若素。可是暗恋终归是折磨人的，她魂不守舍，工作屡次出错。那次，她再次犯了常识性的错误，被他毫不留情地批评："最基本的东西都出现错误，你能不能多用点心？"

她低头，暗自垂泪。他哪里知道，她不是不用心，而是把心全部用在了他身上。

不是所有人都像他那样迟钝，身边的明眼人私下里提醒他，他才恍然。

那晚，她加班到深夜，从办公室出来时正好遇上他。他说，我请你吃饭吧，有家刚开的湘菜馆味道很不错。她的心止不住地狂跳，一路上，她胡思乱想，他会对自己说什么呢？婉言相拒？或者，接受她？

饭菜很丰盛，她却很少动筷。她看着这个梦中的男人，他吃相不雅，呼噜呼噜地喝汤，菜掉得满桌子都是，手里举着一只鸡腿啃得满嘴流油。服务员上菜慢了点，他便将小姑娘臭骂一顿。那么难听的话，她简直为他脸红。他喝高了，解了衣扣，脱了鞋子，拿着牙签剔牙，满嘴跑火车吹嘘自己。她没想到他竟是这么不堪的男人，那些盛开在心里的爱恋之花，倏忽之间，全谢了。

第二天，她连单位都没去，打电话辞了职。不久后，她接受了一直追求她的学长的邀请，南下去了珠海。再后来，她和学长相爱，结婚成家，有了一个漂亮可爱的女儿，生活平静安宁。

几年后，她也成了新闻界的名记，被邀请去参加一个行业的交流会。会上，她见到了他。他已人到中年，头发稀疏，瘦了，却依然神采奕奕。会后的宴席，她和他隔了几张桌子坐着，远远地看见他，端着酒杯，彬彬有礼地敬酒。她忍不住轻蔑地笑，对身边的人说："男人都一样德行，表面上道貌岸然，私底下不知道多恶心猥琐呢！"同桌的人惊讶地问："你是说他吗？他可是圈子里有名的好男人，照顾病妻多年，恩爱非常。据说，不断有女孩子向他示好，都被他巧妙地拒绝了。你对他，有误会吧？"

她举着筷子的手，忽然就停住了。仿佛有东西攫住了她的心，让她无法呼吸。她一下明白了他当年的作为：是的，他不能接受她的爱，又怕她在自己身上浪费美好的青春岁月，为了拒绝，又不伤及她的自尊，他才不惜自毁形象，给她留下了那么恶俗的印象。他如此用心良苦，不过是为了促她远离，去收割属于她的爱情。

（卫宣利）

# 讲台上的一座山

  讲台，从童年时就是他的至高神往。他经常偷偷跑到学校，趴在教室窗外的土窗台上，每次都像爬一座大山那么艰难。他是孤儿，收留他的人家供不起他上学，他要在另一座山上拼命提前干完自己的活儿，拼出点时间没命地翻山蹚河，一身泥水汗水地趴到那窗台上去，再一脸神往地看老师、听世界！

  在他的记忆里，老师就是救世主。老师背起他去了他寄身的家，对养父母说了好多话。然后，他就如同进天堂似的进了学校，有了座位和书本，成了他做梦都不敢想的学生！

  后来他明白了，讲台就是一个老师锁定一生的苦难与智慧，不停地播种希望的地方。老师在讲台上可以讲解出最美好的世界，以及所有的道理。走下讲台，就是最苦难的人。他上中学时，那位拯救了不止他一个孩子的老师累死了，就死在讲台上，大口吐血而亡。

  那天，他听到消息就大哭着疯了似的奔回山里。在老师的灵前，他说："老师……那讲台……我一定会站上去……"

  于是，1977年，他上了师范。1980年，他回山，站在了那方讲台上。

老师所做的一切他都要原原本本地继承过来。山里还是那样穷，让穷孩子上学还是那样难，得挨家挨户去劝说家长让孩子上学。老师看见的是前方的希望，而家长们看见的只是眼前的日子，孩子不上学就能干山里的活。

还是那条弯弯曲曲的山路，还是那条时涨时枯的小河。风雨霜天，他还是得将学生们一个一个背过河去，再把最弱小的孩子背回家去。只为在第二天站上讲台时，下面的孩子不会少一个。

娶妻，他曾以为是一件很对不起学生们的事，因为总会分心的。但后来就成了庆幸，妻子反而成了他必不可少的支撑。妻子也是山里女人，憨厚善良，先是用种地支撑着他的衣食和救助极贫的孩子。多年后，妻子还要用全部生命来支撑起他的生命！

就因为长年背学生们过河爬山，他的腿落下了隐患，渐成灾难。风湿加无数次伤口感染，开始肿胀化脓。1997年4月18日，雨天，他依旧背学生过河，将最后一个学生背过河后，他便一头栽倒在地，晕过去了。学生们这才发现他的腿已经烂得见骨，哭着抬他回家。他在妻子怀里醒来，看看学生们，命令："明天给我按时到校！"

妻子劝他：能不能先看病？他笑道："除非没那座山没那条河，看病才有用！"妻子泪如雨下，她知道，天天背学生过河，特别是三九寒冬，铁腿也不行。他又笑求："为了孩子们，为了山里的明天，我求你……"妻子抹泪嗔说："我明白。我可以背你去学校，可孩子们下雨下雪天怎么回家？"他说："那再想办法！"

于是，从第二天开始，娇弱的妻子就每天早上背着他，拄着棍子爬山过河，一步一呼喘、一步一把汗地背他去学校、背他上讲台。安顿好他，再跑着回家下地干活。

学生们震撼了，家长们感动了，群智群力，那条河有了桥，有了长梯横搭的护栏，有了放学时义务护送孩子们的山民。

就这样，已不能直立的他，照样天天坚守在那方讲台上；从妻子的背上到特制的四脚能转动的高凳子上，照样讲课，照样写黑板，而且讲课的声音更响亮，动作更坚毅铿锵。八年过去，这个小学成了全县升学率名列前三的名校，而他的妻子已经背他背成了"驼背老太"！

每天晚上，饱受病痛折磨的他只有一个希望：希望早上还能醒来，还能站在讲台上。其他的事情全由妻子默默承包了，吃、穿、用、看病、资助极贫的孩子……就连借钱也不敢让他知道。2006年，有一天，他向妻子要钱交党费时，妻子哇地哭了："对不起……咱已经借了人家几千元了……借不来了……"他这才惊动，一下子用残腿给妻子跪下了："我……代山里孩子们给你磕头！"

没别的办法，为了继续站在讲台上，他拒绝为他的病再花一分钱。同时，他亲自出面借钱交了党费。很快，他的病情开始恶化，上肢也开始肿胀化脓，手指再也无法弯曲。他还是有办法：找来许多橡皮筋，把粉笔绑在大拇指和食指之间，照常讲课，照常写板书！

这样支撑到2009年，绑着粉笔的手也无力写出字来了，讲课也开始不断地发生晕倒事件，妻子也累出了痨症，学生们家长们都跪求他"歇歇"了，上面领导也实在看不下去，命令他休息了……他第一次哭了，哭罢提出最后一个要求：让他做管理住读学生的教师，他必须再去站一站那方讲台！

　　这要求没人忍心不答应！

　　从2009年到2011年，他仍然是天天到校，特别是星期天。因为在星期天，妻子还能将他直接背上讲台，他就还能为住读生讲课、写板书。实在写不动时，他会用嘴巴咬着布条再咬紧粉笔来代写！效果比正常教师要好无数倍，因为，所有学生都能掂量出他每个字、每句话的分量，他是学生们成长底色中一颗不落的太阳，他是讲台上永远都不会倒下的一座直通信念天堂的大山！

　　不变的讲台，不变的人生，不变的赵老师——赵世术，不仅仅是一个老师，也不仅仅是一个好人。能将人生的一个岗位做到如此，能将生命的极限超越到如此，他当是人类各种变异的终极比照，他当是功利云烟飘绕难及的人性砥柱，善之图腾，恒定如山！

（张鸣跃）

# 情到深处不见你

一天，我收到一封手写信，太幸运了，倍感激动。信是一位学生写的。他说："老师，早想回去看你了，早该回去看你了，但不知道怎么面对你，不知道跟你说些什么？"读到这里，我笑了，眼前出现了淳朴、真挚等字样。

"你是我最敬爱的一位老师，你循循善诱、富于哲理的话语，让懵懂的我快速成长。你关心我、爱护我，可我几次经过你的家门却不敢去见你，老师，你能原谅我吗？"我又笑了，老师压根都没有责怪过你，多可爱的孩子啊！这让我想起了三毛的《蓦然回首》。三毛和恩师顾福生约好见面，她早到了两分钟，却不敢进门，只静静地站在夕阳下等。等时间到了。有人领她进了院子。通过客厅"短短的路"却让她感到"一切寂静，好似永远没有尽头"，就在进门之前的几步，她还希望有人通知她"顾福生先生出去了，忘了这一次的会晤"。而这孩子就像三毛！我有一种莫名的快乐！

读完了信，我急切地想知道这孩子是谁？却发现信的结尾只留下"你的学生"四个字。原来，他是不希望我知道的，也不希望我给他回信的，如果我真给她回信又能说什么呢？我终于发现一向善于表达的我却词穷了！因为真情大概是这样的，清纯得如一枚酸酸甜甜的小橘子。

（曹炜明）

# 老师每天都在发布预言

门卫打来电话，说来了一位新华社的记者，要见我。"上来吧。"我嘴上这样说，心里却画着问号——谁呢？

拉开门，是一位陌生漂亮的女孩上前一步，她亲热地拉着我的手说："老师，我是黄小菲呀。高二时，您给我们班代过半个学期的语文课。"

我嘴上说"哦，原来是小菲啊"，脑子里却依然是一片空白。

黄小菲说："老师，您不记得我一点都不奇怪。一来，我上学的时候是个很不起眼的黄毛丫头；二来，您教我们的时间实在是太短了。"

"老师，我说一件事您应该不会忘的。您给我们代课的时候，有一家语文周报举办征文，您从我们班选了5篇优秀作文寄给了报社，其中就有我一篇呢！两周之后，结果出来了。除了我之外，他们4人都获了奖。在课堂上，我羞愧得无地自容。您却举着我的作文说：'这么漂亮的作文都没评上奖，我敢说，这家报社一定有太多的遗珠之憾！'"

"说实话，那时候，我还不太明白'遗珠之憾'这个成语。下课后，我赶忙查了成语词典，知道了'遗珠之憾'的解释，也记住了'遗珠之憾'出自《庄子》。原文说：'黄帝游乎赤水之北，登乎昆仑之丘而南望，还归，遗其玄珠。'我一下子就觉得自己成了一颗光芒四射的稀世珍珠，只是由于这样或那样的原因，我还暂时没有被人认出而已。从那儿以后，我就越发喜欢写作了。"

"我的高考成绩并不理想，但我是我们学院唯一一个考上人大的研究生。毕业后，我凭着优异成绩被招聘为新华社总社记者……"

"老师，今天我终于懂了，在我还不是珍珠的时候，您把我比喻成了黄帝所遗的玄珠。为了不愧对这个美好的比喻，我一直努力让自己放射出不俗的光来。就算好运一万次遗漏了我，我也不会丢弃了自己这颗珍珠。老师，您知道吗？我的笔名就叫'玄珠'，这是个为我自己打气的笔名，同时，也是个对您感恩的笔名啊……"

很长时间，我都在回想着黄小菲闪着泪光的眼睛。我当初一句或许不太过心的安慰语，居然成了一个女孩蒸蒸日上的动力之源，，我好欣慰，又好惶惑。我问自己，在这个故事的反面，有没有写着另一个故事——由于我一句不太过心的气恨语而对一个幼小心灵所造成的持久伤害？在一个特定的语境当中，教师一句随意的褒扬或批评，会在孩子心中生出多么顽强的根芽！

命运，把我推到一些孩子面前，我随性说出的一些句子，被孩子认真地读成了预言；他们会自觉不自觉地朝着这个预言用力，直到让自己的人生与这个预言之间画上等号。

如果可能，我愿意让时光倒转，我愿意让昨日的学生们重新聚拢到我身边。他们依旧是一副少年模样，喜欢笑，也喜欢哭。太阳暖暖地照着他们。该调皮的就调皮吧，因我已悟透，"调皮的男孩是好的，调皮的女孩是巧的"。我要将每一个孩子都看成是黄帝遗落的"玄珠"。这是一件多么让人喜出望外的事！这么多的"玄珠"碰巧都让我这个有福的人给拾到了！我愿意在他们还没有能力认出自己的价值之前，就大胆地给他们标出一个天价，然后，幸福地看着他们朝着那个天价竭力地打磨自己、丰润自己、完美自己，直到长成与那天价相符相称的一件罕世之宝。

（张丽钧）

# 老师，你会有很多女朋友

中专毕业后，我被分配到一所山区小学当老师。没想到，才来几天，城里女友就千里迢迢追来，给我两条路选择：要么跟她回去，要么两人就此拜拜。我们说了半天，最终各退一步，以半年为期限，到时我还不回去，女友绝不等我。

送别女友，我刚回到自己的小屋，就有人轻轻地敲了几下门，我开门，原来是那个叫蒋二毛的学生。他长得憨头憨脑，我第一天来上课就记住了他。我问他有什么事，蒋二毛突然仰头大声问道："老师，你要走了吗？"

我一怔，勉强笑了笑："谁说我要走？"

蒋二毛却一脸不相信的神色："以前来的几个老师都是这样，女友一来找，就走了！"

我忍不住笑出了声，想了想对他说："咱不说以后，但是这半年绝对不会走，我向你保证！"

"哦！"蒋二毛脸上的表情有些怪怪的，似乎有些高兴，又似乎有些失望，低着头慢慢地走了出去。

我的教师生涯就这样尴尬地开始了。日子一天天过去，离半年的期限越来越近。这天，蒋二毛跑到我的屋里问我一道数学题。我给他解答完后，低头看见他的两只鞋子，心里不禁一酸。蒋二的毛的鞋子是一双烂得不成样子的解放鞋，而且尺寸特别大，估计是他父亲的，整个鞋也就只剩下一个鞋帮了，露出一大截脏兮兮的脚。我很难受，这地方实在是太穷了，几十个孩子，我就没看见有一个穿袜子的。

"二毛，"我心里一热，随即涌起一阵难以抑制的冲动，转身拿出照相机，"来，我给你拍张照！"蒋二毛一听直往后躲，说："别拍，别拍，我的鞋太烂了！"我眼眶一热，说："我就是想拍你这个样子。我要把你们拍下来，告诉外面大城市里的人，在这里还有这样一群穷孩子，这是他们想象不到的！"蒋二毛瞪着眼，半懂不懂，又低头看看自己的鞋，脸红红的。

到了星期六，我一大早赶了近百里路，到了县城，钻进一个网吧。我在以前经常光顾的一个论坛里，发了一个帖子——《山里孩子没鞋穿》。我把孩子们的照片贴了上去。第1张，就是蒋二毛那双看了令人心酸的鞋。

这天，邮递员送来了一张包裹单，我一看，上面写的竟然是鞋子，寄件人自称是"一个看过帖的人"。我兴奋地拿着包裹单跑回教室，大声说道："同学们，你们很快就有新鞋子了！"第二天，我又收到好几个包裹单，寄的都是鞋子。我高兴极了，马上叫上蒋二毛和几个男同学，带着他们去邮政所把鞋领回来。

回学校的路上，蒋二毛好像还不敢相信，问我："老师，这鞋子真是我们的吗？他们为什么送给我们哪？他们怎么知道我们没有鞋子穿呢？"

我乐了："记得我给你们拍过照片吗？我把你们的鞋子拍下来，发到了网上去。大城市里的人打开电脑，就会看到你们穿的鞋子。这个世界还是好人多啊，这些好心人看到你们的照片后，知道你们没有鞋子穿，就给你们寄过来了。"

"啊，这是真的？"蒋二毛和几个同学都惊奇地瞪大了眼睛。

第二天，所有的孩子都穿着新鞋来上学。我拿出相机，一个个给他们拍照，说要把相片洗出来送给他们留念。拍完了，蒋二毛说："老师，我也要给你拍一张！"我一笑，把相机递给他，教会他摁按钮，然后站在那间破旧的教室前拍了一张。蒋二毛眼巴巴地问道："老师，你能把你的相片送给我一张吗？我想永远都看到你！"我笑着答应。

等到下一个星期天，我又来蓟县城找了家网吧上网，打开我的帖子一看，跟帖的人仍络绎不绝，还有很多人对我的行为表示敬佩和支持。我很感动。我又上传了几张孩子们穿上新鞋的照片，替孩子们感谢所有的好心人。

从网吧出来，我又去冲印了相片，特意把自己的相片印了三十多张，给每个孩子都发了一张。一眨眼，离女友的最后通牒只剩十天了，我的心再次激烈地摇摆起来。说真的这很难取舍。

这天放学后，我刚回到屋里，蒋二毛就跟了进来。我问他还有什么问题没弄明白，蒋二毛只是一个劲儿地傻乐。再问，他才说道："老师，你不用走了！"

我一时间不知怎么回答，叹了口气道："其实老师也不想走！"

"那好啊，老师，你永远都不用走了！"蒋二毛高兴地跳了起来，十分肯定地说，"真的，永远都不用走！"

我一怔，忍不住问："为什么？"

蒋二毛一脸抑制不住的兴奋，说道："因为你很快就会有女朋友了，而且会有很多很多！"

我又好笑又奇怪："你说什么呀？"

"真的！"蒋二毛神秘兮兮地凑上来，小声说道，"我昨天拿你的照片到城里去，请一个叔叔把照片放到网上去了，很快就会有人看到啦……"

"是吗？"我的眼睛一下子湿润了，"谢谢……好，老师永远都不走！"

（罗理力）

# 七彩路

　　一位小学校长巡视校园，当他走到一条正在铺筑水泥的小道时，他发现没完全凝固的水泥路面上镶着三颗弹珠。这时，有三个男孩笑着追逐着从他身旁飞奔而过。

　　校长挥挥手，示意三个男孩过来，男孩们吐了吐舌头，怯生生地走过来，手紧紧捂着口袋。

　　校长微笑着说："你们能不能借我一样东西？"三人齐声问："什么东西？"校长说："你们口袋里的彩虹弹珠。"三个男孩惊异万分，低着头，不敢看校长的目光。口袋里一阵清脆响声后，二十多颗弹珠放进了校长掌中。校长俯下身躯，像个顽皮的孩子，把弹珠一颗一颗按进水泥路面。

　　三个男孩连忙向校长认错，承认原先那三颗弹珠是他们按进去的，并且说："以后再也不敢了。"

　　校长听了爽朗地大笑："你们有错吗？我高兴还来不及呢，你们看，水泥路面原本多么灰暗、单调，但是嵌上这些弹珠就显得很漂亮！快去告诉你们的同学，叫他们把自己的弹珠、玻璃球、小贝壳

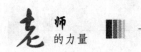

……全都拿出来，镶出你们自己喜爱的图案，什么图形都可以，咱们把这条路铺成一条七彩路。"睿智就是一双铺就七彩路的巧手。

（王东梅）

# 我的人生导师

　　身边的朋友都说我在写作方面有天赋，问我一路走来有什么秘诀。天赋这个词语并不适合我，我和大多数人一样，也是靠一点点的努力。但主要是我在懵懂的少年时，遇见了马福梅。她是我初一下学期的语文老师。

　　她很温和。第一堂课，教室里像一锅沸水般嚷个不停。她走进教室，并没有严厉训斥大家，而是转身在黑板上写下了：马福梅，二楼七号。紧接着她转身先是给大家鞠躬，然后侧身指着黑板说："同学们好，本学期我担任你们的语文老师，这是我的姓名和办公室……"唇齿之间，露出盈盈的笑意。教室里立刻鸦雀无声。几秒钟后，班长喊道："起立！"同学们齐声喊："老……师……好！"洪亮的声音，惊飞了落在窗台上的麻雀。

　　过了几天，马老师走进教室，手上拿着一本书。"这本作文选不错，大家可以买一本参考下，每本五元钱。自愿订购，需要的同学到语文课代表那里登记。"我天生木讷，对于作文最为害怕。我想买一本作文选，可是又舍不得钱。

　　那时家庭几经变故，我的每一分钱用得都非常谨慎。但出于对书的好奇，我还是去课代表那里写下了自己的名字。发书的那一天，我的五元钱还没凑够。老师喊我去讲台领书，我却在座位上迟迟未动。当她第二次喊到我的名字时，我放下一个小男生的自尊，向旁边的同学借了五元钱。这些马老师都看在眼里。课后她把我叫到办公室，退回了五元钱并送了我一本书。她告诉我，她从班主任那里了解到我的家庭情况，并鼓励我好好学习。

　　那以后，马老师的课我听得非常认真。我突然觉得原来学习也是一件很快乐的事情。在马老师的建议下，我开始阅读课外读物。

　　一次命题作文，马老师让写"我爱我家"。我把我的故事，包括我所有的秘密全部写在了作文本上。每一个字我都写得非常认真。只是我做梦都没想到，我的作文竟然成了范文，被马老师当着全班同学朗读。那是我有生以来所得到的最高荣誉，除了激动和兴奋，我就一个劲地嘿嘿傻笑。后来，我把那个作文本上马老师的评语剪下来，直到现在还保存着，评语很简单：感情真挚，所选事例典型。后面用鲜红的墨水大大地写着一个"优"字。

　　也正是马老师不断地鼓励，让我逐渐摆脱了自卑和内向，开始自信起来。在一次全校作文竞赛中，我以98分的成绩荣获第一名。放学后，在去食堂的路上，我看到了公告栏上张贴的获奖喜报激动得不得了。我想迅速跑去告诉马老师。可是当我再次敲开二楼七号的门时，里面的老师告诉我说，"马老师要当妈妈啦，由于身体原因得暂时离开。"这位老师还问我："你就是杨康吧。马老师跟我说起过你，她说你是一个很优秀的学生，作文写得非常棒……"后面是什么内容，我没有再听了。我开始想念起马老师来。

直到初中毕业，她都没有再回到我们那个学校。

我的生命里，不知道是否还能和她相遇。我也不知道这些年，她是否一切安好。但是我很感谢，在我那一段最美妙的少年时光里遇到她，感谢她陪我走过了那一段路。我现在依然在路上，心中的远方尚未抵达。但她确是我文学路上的导师，是我生命里最要感谢的一个人。

（杨康）

# 掉进厕所里的表

他没法不自卑。他的哥哥中学毕业后，不知怎的开始吸毒贩毒，最后被枪毙了。远远近近的人都躲着他们家。

爸妈担心他会走哥哥的路，那是一条不归路。这种担心变成另一种放任：只要不沾毒品，干什么都行。他从小学就无所顾忌地抽烟，到毕业时，牙已经是黑的了。

他很自然地逃课。老师并不待见这个毒贩子的弟弟，同学呢，基本个个都被家长警告过：别跟他玩。他在街边打台球，很快就能够一球进九洞。他玩扑克，迅速地赢掉成年人。他甚至跟公园里的老头们下围棋，老头们不知道他是谁，只是啧啧称赞。他笑一下，什么也不说。

他纯粹是无聊，写了周老师布置的作文。那一节课，他没来，他不知道周老师在课堂上念了他的作文，大加表扬，念他的名字，却没人站起来。同学们七嘴八舌地告诉周老师：他是谁，他有一个什么样的哥哥。

他没想到周老师会找上他家：父母实实在在吓了一跳。这么多年来，他抽烟逃学打架从来没人管过，校长老师都选择性失明。父母本能地想到他们最怕的事。让他们没想到的是，周老师却说：他很有才华。

才华？他觉得太滑稽了。看着周老师年轻的脸，忽然想起哥哥：当年的哥哥，也是这么年轻，也这样充满人生的热情吧。

他还是不上课，周老师就一趟一趟来。他终于烦了：你不知道我们家是什么情况吗？你不嫌我脏吗？犹豫了很久，终于说出了他倍感羞耻但不能逃避的人生定位。

泪水似乎要涌上来，他强自忍住。我和他是同胞兄弟，他的罪，我胎里带。

不是你脏，是你哥哥犯的罪，他已经付出了代价。周老师几乎是大声疾呼。

父母被周老师感动了，他们也齐声说：去上课吧，好好读书，不要想你哥哥的事。

他顺从了。

突然有一天，周老师找他：你能帮我一个忙吗？

有什么忙是他帮得上的？

我的手表掉到厕所里了，你能帮我捞一下吗？周老师很焦急。

他用戴着橡胶手套的手捞起了手表，用卫生纸细细地擦——说是防水的表，也不能在水龙头底下冲吧。不知换了多少张卫生纸，到最后，呵口气上去，再努力地擦，闻一闻，确实没啥味道了。他递给周老师，老师却不接，问：你说，掉到厕所里的表，值不值得捡？

他愣一下：值得呀。好多钱。

那么，被弄脏的人呢？

他愣住了。

忽然间，他知道，周老师不是陌生人了。

他用了很多年才洗净自己：戒烟、戒酒、戒玩。终于考上了大学。

人人都愿以手摘星，因为即使不成，那手势又美好又高贵，皎如明月。而只有很少很少的人，不介意在卫生间里捞起一颗灵魂。而他知道，自己曾被一双不怕脏的手拯救。

（叶倾城）

# 怎样培养孩子的创新能力

创新能力是人最重要和最有价值的一种能力。一个孩子将来有多大成就，关键就在于他的创新能力如何。江泽民总书记说过："创新是一个民族进步的灵魂"，"一个没有创新能力的民族，难以屹立于世界先进民族之林"。眼下，教育界的有识之士对学生创新能力的培养正越来越重视，这是十分可喜的。其实，作为家长，也应该重视对孩子创新能力的培养。因为家长是孩子的第一任老师，而且家长与孩子相处的时间最长、接触的生活面最广。那么，家长应怎样培养孩子的创新能力呢？具体可从这样几方面着手。

## 一、营造宽松愉悦的家庭氛围

校有校风，班有班风，家应该有家风。有利于孩子创新能力培养的家庭氛围必须是宽松愉悦和谐的。不管家庭成员是多少，也不管地位及年龄差距有多大，孩子与其他家庭成员之间的关系应该是平等的、民主的，应该是自由自在的，而不应该是压抑的、紧张的，甚至是恐怖的。就目前而言，孩子与其他家庭成员之间的关系不恰当的表现主要有两种：一种是老子说了算，一切都得听家长的，孩子没有发言权，更没有决策权，包括孩子对自己的事的决策权；另一种是孩子说了算，孩子是太阳，是小皇帝，所有的家庭成员都是围着孩子转，孩子怎么说家长就怎么办。这两种家风都不利于孩子创新能力的培养。宽松愉悦，有事大家商量，共同想办法，谁的主意好就听谁的，只有这样，孩子才能积极开动脑筋，从而形成创新意识和创新精神。

## 二、经常带领孩子接触新鲜事物

知识是一切能力的基础，没有知识，对外面的世界一点儿也不了解、不熟悉，即使智商很高，也是不会有创新能力的。家长要根据孩子的年龄大小和生活环境，经常利用节假日带领孩子接触各种新鲜事物。是农村的，可带孩子去城市，让他们认识认识城市的建筑、交通等设施；住在城市的，可带孩子去农村走走，让他们认识认识农作物、家畜家禽以及欣赏欣赏田园风光，了解花鸟草虫的生存特性等。认识事物越多，想象的基础就越宽广，就越有可能触发新的灵感，产生新的想法。那种只想把孩子关在家里，只想让孩子写字、画画、背诗的方法，只会把孩子培养成书呆子，绝不可能培养成有创新能力的人。

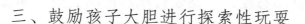

## 三、鼓励孩子大胆进行探索性玩耍

玩是孩子的天性，不会玩的孩子不可能是聪明的孩子。家长要积极鼓励孩子进行探索性玩耍。积极鼓励，就是要创造条件，必要时，也可一道参与玩耍；探索性玩耍，就是要鼓励孩子玩出新的花样，尝试各种各样不同的玩法。在对孩子的玩耍方面，要纠正三种不正确的做法：一是为了安全，不让孩子玩。安全当然是重要的，但不能杞人忧天或因噎废食，而且安全也有个程度问题。二是怕孩子弄脏衣服而不让孩子玩。有些家长把孩子打扮得花枝招展，有的全身名牌，生怕因玩耍而弄脏衣服。卫生确实需要讲究，但不能影响必要的玩耍。三是怕损坏物品和玩具。有些家长虽然给孩子买来了各种玩具，但不让孩子自由地玩。有些家长不准孩子摸或摆弄物品，动辄以"要弄坏的"相威吓。教育孩子爱护东西是对的，但不能要求过严。总之，孩子不能不玩，因为玩不但可以增长智慧，还可以直接培养动手能力。

## 四、正确对待孩子的各种各样的提问

提问是一种思考和钻研，是具有探索意识的表现。孩子从会说话起，就开始会提问。由于年幼，所提的问题往往十分荒唐，有的可能无法回答，但不管问得怎样，孩子都是渴求得到解答的。作为家长，都应该心平气和地、认真地对待。在这个问题上，要避免出现以下三种错误态度，一是强行压制提问。如"你怎么问题那么多？""你没看到，我正忙着？""你怎么会问出这样的怪问题？"等，这类话语应力求禁止。二是欺骗搪塞。有些家长对孩子的问题回答不了，但又怕丢面子，就胡编乱造一些所谓的答案来欺骗和搪塞孩子，这不但会影响孩子的思维发展，也会影响家长自身的威信。三是解释得太深太难，让孩子听不懂。这三种态度都不利于孩子创造精神的培养。对孩子的提问，家长有的可直接回答，有的可启发孩子自己去寻找答案，家长如不能回答，可实话实说，也可和孩子一道探索。

## 五、不时启发孩子多角度思考问题

在日常家庭生活中，要经常引导孩子多角度看待事物和分析事物，逐渐养成换一条思路想想的好习惯。家里买了一条鱼，可问孩子：除了蒸以外还有什么吃法？茶杯除了喝茶的用途外，你还能说出别的用途吗？突然下了一场大暴雨，树倒了，菜淹了，这些害处是明摆着的，那么，这场暴雨就没有一点儿益处吗？等等。其实，社会生活和家庭生活中的每一个事物，都可以作为启发孩子多角度思维的内容。多角度思考问题，实际上就是进行发散性思维的训练。培养发散性思维是培养创新能力的前提。因此，家长要注意从小引导和培养。

## 六、有意识训练孩子的想象能力

想象是创造之母，没有想象能力就没有创新能力。在日常生活中，家长要有意识地训练孩子的想象能力。训练的方法一般有：1. 多给孩子提供一些富有幻想色彩的书籍，比如童话、科幻作品、神话、寓言等。2. 许多家长平时都给孩子讲故事，不妨在讲到一半时，戛然而止，让孩子根据前面的情节续接故事。3. 看文字画画。可提供一些文字（或口语），让孩子把文字的内容用图画的形式画出来。4. 进行概念的联结训练。经常出一些毫不相干的概念，要让孩子通过相关的中间环节把两个不相干的概念联结起来。比如"石头"与"电脑"，这两个概念本不相干，但通过"玻璃"和"屏幕"，就构成了相关的概念链：石头—玻璃—屏幕—电脑。5. 鼓励孩子直接编创故事。孩子平时都爱听故事，听到一定数量后，可让孩子自己来编故事。

当然，家长培养孩子创新能力的方法还有很多，因为家庭生活和社会生活是丰富多彩、千变万化的，具体的经验只能从具体的生活中来。这有待于家长以及老师和专家们进一步探索和总结。

（朱华贤）

# 如何使孩子免遭侵害

  一天下午，马来西亚吉隆坡市一名九岁的孩子谭切柯正等着妈妈接他放学回家，这时有一男一女朝他走过来。"你的父母很忙，他们让我们来接你。"那个男子对他说。切柯明白不能跟陌生人走，于是他就朝学校的体育馆方向跑去，他清楚那儿有许多学生。那两个人紧紧跟随着他，直到他跑进体育馆。切柯是幸运的，在什么都还来得及之前他觉察到了危险，并知道如何摆脱。

  绑架孩子是并不常见的犯罪，但它确确实实在发生。比如，马来西亚皇家警察局声称，1996年，马来西亚有案可查的儿童失踪案达2189起。专家认为其中有些孩子是被诱拐或绑架了。马来西亚儿童安全教育组织的负责人万·莎蕾说："觉得孩子总是平安无事的想法太天真了。"她的组织教育儿童如何避免成为犯罪的牺牲品。

  艾米利瓦是马来西亚安太鲁大学的心理学专家，他指出，孩子在任何地方都是易受攻击的，盗窃和抢劫等针对儿童的犯罪越来越频繁。"近来在菲律宾农村蔓延的儿童被抢劫杀害案，突出地表明这些犯罪不只是局限在城市。"

甚至在犯罪率较低的新加坡，政府也充分认识到了事态的严重性。新加坡警方犯罪预防部门的负责人说："孩子们应该不断地得到提醒——如何避免遭受犯罪侵害，保护自己。"让孩子从小就接受安全教育有助于他的顺利成长。而且教孩子自我保护是一个长期的过程。

这些话说起来易如反掌。那么，怎样才能让孩子在免于恐惧的情况下懂得保护自己呢？父母可以通过和孩子一起做游戏的方式，教孩子学会如何保护自己。模拟可能出现的种种情形，让孩子在不同的情况下扮演不同的角色，作出最合适的反应。除此以外，家长还要注意以下问题：

## 教孩子安全常识

要让你的孩子知道以下这些知识，越早越好：

●他的姓名、地址和家中电话号码。

●父亲和母亲的姓名。

●如何拨打当地的紧急求助电话。

●去何处求助。

马来西亚皇家警察局犯罪预防处处长伊勃拉姆说，安全的地方包括可信赖的朋友家、近处的商店或餐馆、学校和警察局。家长可陪孩子熟悉去学校的路线，指出如果发生紧急情况去哪些地方是安全的。

●如何拒绝。父母必须告诉孩子，如果他感到大人的行为使自己不舒服，完全可以对大人说"不"。

如果陌生人过来搭讪，孩子可以叫嚷："这个人不是我爸爸（妈妈）。"孩子的叫嚷、挣扎会吓退那个人的纠缠。

## 教孩子在街上要机警

教你的孩子和别的小朋友一块玩儿，要尽可能融入群体中去。在去学校或朋友家时要避免经过黑暗、偏僻的地方，比如空房子。

如果你的孩子感觉到有人开车跟着他，他就应该调转方向，朝相反方向走。车子里的人不会也跟着调头，因为他怕惹来别人的注意。告诉孩子如果有人停车搭话或问路，要待在离车门15至20英尺的地方答话，并教孩子说"我不知道"，然后立即走开。

警告你的孩子要保持警觉，自信地走路，并注意四周的环境。犯罪分子擅长认定唾手可得的猎物：那些看似走失、心情沮丧、神情惴惴不安的孩子。

孩子在乘公共汽车时，要尽量坐在驾驶员附近。要警觉，不要睡着了或只顾和别的孩子说话。他应该知道在哪一站下车，如何一下车就直接回家。

孩子不要戴昂贵的珠宝或手表。告诉孩子，有时坏人索要钱财时，不要跟他争辩，坏人可能携带武器。

## 关注孩子的在校状况

虽然你孩子所在学校的环境看上去并不危险，但不要就此认为孩子在学校很安全。参加家长会时，不妨问问别的家长对学校的看法。最要紧的是要经常与孩子谈心，询问他在学校的情况。如果孩子突然变得怕去上学，这很可能是他受到欺侮或恐吓的信号。这时要弄清楚孩子的解释。如果他真的缺乏安全感，可以考虑为他换一所学校。如果不存在上述问题，也要告诉孩子在学校时的主要注意事项。

最后，要坦率地对孩子说明，尽量不要和频繁与他人打架的、喜好抽烟喝酒的同学来往。

## 通过邻里了解孩子

要让孩子告诉你他要去哪里，即使他去他的朋友家玩。你应搞清楚孩子朋友的姓名和他父母的姓名、住址、电话号码。

有时孩子安全还是不安全，可以从别的孩子那里表现出来。一旦发现孩子有不正常情形，请你的邻居通知你或警方。

最后，告诉孩子在家中的基本安全规则，比如出门要锁门。如果只是小孩单独在家，教他别在接电话时告诉对方只有他自己在家。叫孩子让对方留下口信，说你会回话。手把手的教导更有益于培养孩子良好的安全习惯。

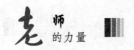

　　如果孩子真的成了暴力犯罪的对象，要立即向当地警方求助，并认真听取孩子的感受。至关重要的是，不要因为出了事而责怪孩子。没人愿意受伤害，尤其是孩子。

（申华　编译）

# 赞美的力量

　　许多年前，一个名叫恩瑞哥·卡罗索的 10 岁男孩虽然在拿不利的一家工厂里做工，但他的理想却是当一名歌星。而他的同伴因此讥笑他，说他是只想吃"天鹅肉"的"癫蛤蟆"，说他当歌星简直是"天方夜谭"。他的第一个老师也这样奚落他："你不能唱歌，你根本就五音不全，唱起歌来就像是风吹百叶窗。"对此，恩瑞哥·卡罗索不仅感到难为情，而且还一度对自己失去了信心。然而，让人难以置信的是，若干年后，他却成为他那个时代最伟大最知名的歌剧演唱家。而他的成功，并非有"仙人"相助，而是因为一位不识音符、不懂音乐的穷苦农妇——他的母亲。母亲常常用她那柔情的手搂着他听他唱歌，"陶醉"在他"美妙"的歌声中，不时地夸奖他的进步。她说她坚信自己的儿子将来一定会成为一颗耀眼的音乐"明星"。除此之外，她还省吃俭用，攒下每一分钱，送他去上音乐课。母亲的"崇拜"和支持，使他有了源源不断的动力，并最终创造出了令人仰慕的"奇迹"。

　　这不禁使我想起了另外一个故事。这是一位在散文界颇有名气的朋友曾经很深情地讲述给我的。他说，小的时候，他的作文很糟糕。每次看到老师写在作文本上的"语句不通""条理不清""错字连篇"之类的批语，头皮就发麻。因此，对写作文老是提不起劲儿，认为那是一件"最令人头疼的事"。后来换了一个老师，教学的方式截然不同，每次批改作文都是用"此词妙极""这个句子写得活""如果怎样怎样修改则更好"之类的富有建设性的批语，每次都让他有所"收获"，都有一种成就感。如果一种行为总会紧跟着一个愉快的结局，那么任何人都会倾向于重复这种行为的。就这样，他慢慢地对写作文有了一些兴趣，也渐渐地在作文上有了一些长进。有一次，校长见到他，叫出他的名字后，面带微笑地对他说："听说你的作文写得不错。"他一愣，心想一个有六百多号学生的一校之长，竟能叫出他的名字，还夸自己的作文写得好，太难得了。这使他受宠若惊，也更增强了他的自信，后来他对写作竟如痴如醉了。事后才知道，那是他的语文老师为了提高他的写作能力，商请校长唱"双簧"，特地对他采用了这一"夸奖"的"迂回战术"。朋友充满感谢地说，当时要是没有这位老师的这般激励，真不知道今天会是怎样的哩，这件事使他真切地感受到了赞美的"神奇"。

英国首相丘吉尔说："你想要人家有怎样的优点，那你就怎样去赞美他吧。"恩瑞哥·卡罗索的母亲和朋友的老师化"腐朽"为"神奇"的故事，正印证了丘吉尔的这句名言。心理学研究表明，获得别人的肯定和赞美是人们共同的心理需要，这种需要一旦得到满足，就会形成一种巨大的积极向上的原动力，使其许多潜能和真善美的内在情愫奇迹般地被激活。相反，如果这种心理得不到满足，甚至人们相互间横挑鼻子竖挑眼，那就极易形成心理上的隔阂和对抗，进而影响工作、影响生活。由此可见，学会"赞美"，在我们的学习、生活和工作中不可或缺，这也正如同心理学家杰斯·莱尔所说的："赞美，就像温暖心灵的阳光，我们的成长都离不开它。"

可是，在我们的现实生活中，却有一些人宁可动辄向他人吹胡子、翻白眼、扇冷风，而吝于向下属或同事说几句赞美之言。不是吗？作为领导，有的不是对一年里兢兢业业地工作的部属给予及时鼓励，而只是等到某一天部属在工作中偶然失误后便大发雷霆；作为同事，有的不是对他人的无私奉献和乐于助人赞不绝口，而只是在某一件事情上他无意间的"伤害"影响到你个人的利益时，心存芥蒂，贬损不已……

我们应该知道，人类的天性是乐于接受"甜言蜜语"的。及时、恰当的赞美，能成为人际交往的润滑油，成为事业成功的助燃剂。那么，我们应如何用好它呢？首先，赞美别人要出于真诚。建立在"以事实为依据"基础上的发自内心的赞美才会产生感情的"共鸣"，才会真正有力量。那些言不由衷的奉承和毫无原则的歌颂，不仅不会产生美，还会令人反感和厌恶。因此，我们在赞美时，尤其要善于发现和挖掘他人身上的"闪光点"，尤其要注意细心观察和了解他人内在的优良品格和素质，因为，肯定和赞扬内在的美会更有意义，更为有效。其次，赞美别人要讲究"艺术"。暖人心扉的话语是最常用也是最重要的；而一束赞许的目光，一个会心的微笑，一次赞许的点头，也可以传递真诚的鼓舞，也都能表达对他人的赞赏。要做到这一点，我们就必须学会在与他人的合作和相处中，以自身之短去量他人之长，坚持宽以待人，做到不求全责备，学会在非原则性问题上"睁一只眼，闭一只眼"，看优点和成绩时睁大双眼，看问题和缺点时眯起眼睛。有的人人缘不好或者干脆是孤家寡人，常因为不是乐于赞美别人，而是恰恰相反，对别人的优点和长处视而不见，却将缺点和不足"铭记在心"，毫不放过。

赞美，就像是阳光，照射在人心坎上，源源不断地给人送去温暖；赞美，就像是"酵酶"，以神奇的力量改变命运使人走出逆境，激发人们去创造辉煌的事业。既然如此，我们又何不将这种无须"成本"的"赞美"，慷慨地赠予他人呢？

（张石平）

# 平凡的母亲，我人生的良师

　　多年来，总想写一篇纪念母亲的文章，可是每次提笔都感到心中沉痛，思念之情无以言表。今天，是母亲去世十周年祭日。在此泪眼模糊之际，仅以此文献给我可亲可敬的母亲。

　　人在一生中有时可能会做错很多事，但唯有一件事我们绝对不能做错，那就是对生养我们的父母一定要尽到自己的孝心，对每一个子女来说，这也实在是应该的，即使父母很平凡。千万不要等到子欲孝而亲不在，连回报的机会都没有的时候，才想起追悔。希望我今天记叙的这位和千千万万个平常母亲一样的母亲，能使更多的儿女更加珍惜自己现在所拥有的亲情。

　　十年前一个寒冷的冬天，无情的病魔使我的母亲带着对儿女们的无限眷恋和不安，永远地离开了并没有给她太多恩惠的世界。虽然母亲没能扶持和目送着我走更远的路，然而我却要用整个生命去感激这位曾饱受了苦难辛酸的母亲，不仅仅是因为她给了我生命，也给了我生活的信念和力量。

　　我的母亲是一位普通的善良妇女，在她三岁的时候，我的姥姥就去世了。姥爷的身体也不好，母亲七八岁的时候就必须得承担起一个成人所能做的一切家务劳动。可能是受家庭重负和身体不适的影响，姥爷脾气很坏，经常无缘无故地发火，时常吓得母亲不敢回家。然而即使这样，唯一的父亲也没能抚养她几年，也早早地去世了。母亲只能靠自己的汗水来维持和延续童年生活中许多无奈的日子。由于长时间没人照顾，母亲从小就身体多病，经历了数不清的生活磨难……

　　母亲虽没有很高的文化，但却是一位非常明事理的人。我小的时候家里很穷，记得那是我上小学二年级的时候，有一次学校收新教科书钱，虽然不是很多，但是对于当时非常拮据的我家来说，也不是个小数目。可能真的是穷人的孩子早当家吧！小的时候，我就养成了节俭的习惯，经常用捆着木棍的铅笔头在别人用过的废纸上写作业。在我幼小的心灵里常常有这种想法，不吃面包的孩子也同样可以长大。像我家这样的条件，能够有读书的机会已经很不错了，所以，为了能给家里减少一点开支，我就私下里决定，新书就不买了，以后借旧书或同学的书用吧，只要好好学，也同样可以取得好成绩。谁知在我们学校交书钱的最后一天，我的母亲不知怎么竟知道了这件事。那天当我正在教室里听讲的时候，突然发现我的母亲正紧张地站在教室外边的花池旁，手里拿着那个她经常用来装钱的帆布袋，那一刹那的惊喜与激动使我永生难忘，下课后我急忙跑过去，语无伦次地说："妈，你身体不好，你怎么来了？"母亲只是焦急地问："现在交钱还行吧？把这钱拿着，赶快把书买了，没有书怎么能有好成绩？"看着母亲焦急的样子，我已不敢再往下说什么了。我知道，我越是懂事，她便越是心酸。那一年由于母亲的坚持，我也和其他同学一样，有了新的教科书，在母亲影响和鼓励下，我更加努力学习，无论是哪一次考试，我的成绩都很优异，这也是母亲感到高兴的一件事。

可是，谁知就在这时，她的身体却一日不如一日，脸色蜡黄，瘦了许多，吃不进去饭。后来我才知道，原来母亲把医生嘱咐要一直坚持吃的药停止了，而把省下来的钱给我交了书费。知道这件事后，我哭着跑到母亲的身旁说："妈，我不去上学了，我要帮家里干活，挣钱给你看病……"而母亲却用她那双噙着泪花的双眼和那丝永远让我感到温暖的笑意摇着头对我说："这么多年妈的身体一直不好，把你们都连累了，我的病现在已经好多了，只要你学习好，妈就高兴，书是一定要去读的，这都是父母应该给予你们的……"听说母亲那歉意的话语，我的泪水止不住地往下流，母亲也哭了，为了我，也为我们共同拥有的这个困顿清贫的家庭环境。后来慢慢地长大了，我才深深体会到母亲一生中的确没有什么豪言壮语，也没有什么能够炫耀的业绩，她的最大心愿只是因为多年来所经受的穷困潦倒的日子，使她下定决心，一定要把儿女们养育成材。

我的母亲是一位非常刚强的女人。那年的冬季格外寒冷，母亲的病情也愈加恶化，已经将近半年不能行走了，就是在这种情况下，那年冬季我身上穿的棉衣，仍然是母亲一针一线提前给我做好的。每当想起当时的情景，我的心里就有说不出的滋味。从母亲身上我真正感受到了，世界上没有任何一种爱能像母爱那样无私。看着那时母亲由于长时间不能起床，身体上被硌破的地方，我不知多少次暗自流泪，可是母亲却从来也不会哼一声，咬着牙坚持着，直到生命的尽头。我深知，这是由母亲的坚强性格决定的，她是无论如何也不希望让儿女们知道她的疼痛而为她难过，母亲在她一生之中总是这样，从不愿意给任何人添麻烦。

最让我遗憾的是，在母亲临终前我却没能守在她身旁。那天早晨起来，我就发现母亲和每天不一样，身体一阵阵地抽搐，总是不愿睁开双眼。当母亲在痛苦中睁开眼睛看见我守在旁边没去上学的时候，很认真地对我说："快去上学吧，妈没事，一会儿就好了，你别误了功课。"谁知这竟是母亲最后和我说的几句话。母亲的离去对于她来说可能是对病痛的一种解脱，可对于我来说却犹如晴天霹雳。母亲啊！您为儿女们操劳一生，还没有来得及用上儿女们为你挣的一分钱，一口饭，一件衣服，就连生命的最后一刻都不给女儿一个守候的机会，难道就这样走了吗！别人无法想到我当时必须承受的压力。好多日子过去了，悲痛并没有随着时间的流逝而淡化，我只能靠无休止的回忆来重温自己曾经得到的母爱。母亲的一生是平凡的，也是伟大的，在后来的生活中她一直激励着我不断向前，不断奋起，不断攀登。

而今母亲离开我们已经十年了，生活如意和失意的时候我都会不由自主地想起她，虽然后来由于各方面的压力和种种原因，我不得不辍学，也因而丧失了走进大学深造的机会，使母亲的愿望没能得以实现。可是我仍要真心地说，自己从来没因自家的贫穷而抱怨过，多年后反而觉得有了童年和少年时期的艰难生活垫底，以后的路不管怎样，我都应该能够好好地去面对和承受。就像人们常说的那样，能够感到幸福，是因为曾经不幸过。我相信命运不会亏待一个矢志不渝的耕耘者，母亲活着的时候曾一再嘱咐过，人活着就必须得努力，别管前面的路怎样，只要你努力了，走到什么地方都无所谓。母亲，是您让女儿懂得了人生的价值不在于索取，奉献才是最令人欣慰的。

　　如果说生活是一所最好的大学，那么我就不得不承认，在这所大学里，我平凡的母亲将是我最珍爱的一本教科书，是我生命中最优秀的一位导师！

（王雅吉）

# 人性教育不容忽视

　　一次，北京的一些幼教专家到朝阳区一家幼儿园里进行心理测试，其中有这样一个题目："一个小妹妹生病了，她冷得直哆嗦，你愿意借给她外套吗？"结果孩子们半天都不回答，当老师点名时，第一个孩子说："病了要传染的，她穿了我的衣服，那我也该生病了，找妈妈还得花钱。"第二个孩子则说："我妈妈不让，我妈妈会打我的。"结果。半数以上的孩子都找出种种理由，表示不愿意借衣服给生病的小妹妹。一位老师实在不甘心这样的结果，叫来自己4岁的儿子问："一个小朋友没吃早点，饿得直哭，你正吃早点，你该怎么做呢？"见儿子不回答，她又引导："你给他吃吗？""不给！"儿子十分干脆地说。妈妈又劝："可是，那个小朋友都饿哭了呀！"儿子竟答："他活该！"

　　这不是特例，在现实生活中，孩子们的有些举动足以让人瞠目结舌。据报载，有个中学生为了让自己在班里有"一席之地"，竟在强于自己的同窗的饭菜里投放蒙汗药！发生在浙江金华的震惊社会的17岁中学生徐某，因学习压力过重而杀母的恶性案件，简直不可思议。这些（缺乏爱心的）冷酷举动在学生中不是一件两件。更让人忧虑的是，这种事情背后潜藏的不良心理并未引起足够的重视。

究竟是什么使这些孩子这样冷酷无情？我看，人性教育的盲点难辞其咎。

是的，我们需要千千万万的人才，但是，我们首先要的是千千万万的有良知、有人性的人。人与动物相区别的一个重要特征是有同情心，一个根本不知道关心人、同情人的人，必定会生出阴暗的心理，冷酷无情的躯壳内必定包裹着一颗残缺的心灵。

当前，严重的问题是教育者人才观的偏差，把智力、分数看得过重，从而有意无意地忽视了包括"同情人""关心人"在内的人性、人格教育。作为现代人，需要有以健康心理为基础的竞争力，又必须有以同情心、爱心等美好情感为内涵的人性美。若是把同情心、爱心从人的心田里连根拔去，"沙漠化"的人性将使社会变成什么样子！

当然，营造一个教孩子学会同情人，关心人、爱护人的氛围，要努力的不只是教师，而是所有的成人，主要是家长。近代学者蔡元培曾说过："幼儿受于家庭之教训，虽薄物细故，往往终其生而不忘。"这应该说是至理箴言。可是在现实生活中，许多父母恰恰忽视了家长作为孩子的启蒙老师、第一榜样可能产生的影响。前例中，从幼儿园小朋友的回答不难看出家长"调教"的影子。更甚者，有些为人父母者，竟然将成人观念和一些所谓的社会经验（无怪乎斗狠、逞强的法儿）毫无保留地灌输给孩子，以期让他们接受社会的"早期教育"，过早"成熟"起来。试想，如此质量的家教，孩子幼小的心灵能不受到玷污吗？

孩子是一面镜子，从他们身上反射出来的正是家长自己的本色和这个社会的一个侧面。让我们的家庭、学校和全社会都来关心、爱护孩子，让他们的心中永远充满爱的阳光。

（薛家林）

# 孟母的教子艺术

孟子是中国文化史上最伟大的思想家之一。幼年丧父的孟子之所以取得那样伟大的成就，作为一个成功的母亲，孟母教子的艺术可概括为以下六个方面：

## 一、以"正"为本，谋求"胎教"之理

随着教育科学的发展和优生优育知识的普及，"胎教"越来越受到年轻父母的重视。其实，早在我国古代的一些典籍中就记有关于"胎教"的例子，那时的人们已经认识到胎教的重要性了，孟子的母亲就是其中之一。《韩诗外传》中说，孟母怀妊孟子的时候，"席不正不坐，割不正不食，胎教之也"。从中可以看出，孟母胎教思想的核心是一个"正"字。所谓"正"，对于客观事物来说是不偏不倚、不邪不怪的端正，对于主观精神品性来说，即中正平和之意。孟母座不正不坐，食不正不吃，表面上看来，似乎苛求讲究到了滑稽可笑的地步，实际上她正是借着这种十分讲究的形式来蓄养一种中正平和的精神，在胎教上表现了对真、善、美的追求。怀了孩子的孟

母在生活中时时注意，处处谨慎，目不视恶色，耳不闻恶声，口不出恶言，不迁怒，不气躁，始终心平气和，庄重静穆，诚于接物，善以待人，只求把种种优良的品性和精神"正"道潜移默化地传递给孩子，为他出世成人后形成完善美好的人格奠定一个良好的先天基础。

深一层看，孟母"胎教"的行为，与其说是"教"腹中隐约朦胧的胎儿，毋宁说是一位孕妇的"自教"。因为只有自己首先向善趋"正"，才有资格期望和引导孩子，俗话说"母子连心"，时时求"正"的精神胎教，实际上正是孟母后天对出世的孟子实行人格熏陶与模范作用的角色先入和"预演"。也许当初的愿望，到后来未必能如愿——"胎教"毕竟是带有某种"神秘"性和不确定性的行为——但孟母"胎教"的指导思想是可取和富有启发性的。今天的胎教方法多种多样，胎教的内容也丰富广泛，但其中最重要的，最根本的还是应该像孟母那样，着眼于对孩子人格精神的育化这个主导思想上。

## 二、避"恶"向"善"，重视环境教育

孟母是个非常重视环境教育的母亲，最典型的例子是"昔孟母，择邻处"的故事。据《列女传·母仪篇》记载：早年，孟子一家居住在墓地附近，这里每天都有人挖坟掘土，哭哭啼啼。孟子觉得很有意思，也学着他们送葬的样子耍玩。孟母一心想使孟子成为好读书、有学问的人，觉得这个环境实在不利于孩子的成长，就把家搬

到了集市附近。没想到集市上人来人往，行商坐贾，叫卖声不绝于耳。孟子仍然不能安心读书，并且还常常闲逛，学着商贩的样子喊叫喧闹。这环境对孩子更没有什么好影响了。于是，孟母又搬到学宫附近居住。学宫是国家兴办的教育机构，聚集着很多有学问、懂礼仪的读书人。在学宫气氛的熏陶下，孟子也整天在家读书演礼。孟母感到满意和放心，这才定居下来。孤儿寡母，搬一次家绝非易事，孟母竟连连三次搬迁，除爱子心切外，说明她对环境教育的重视。

一个人学习的好坏主要依靠主观因素，但也不可忽视客观环境的影响。"与善人交，如居芝兰之室，久而熏其香；与不善人交，如入鲍鱼之肆，久而不闻其臭"。讲的就是环境对于一个人成长的影响。俗话说："蓬生麻中，不扶而直。"荀子云："生而同声，长而异俗，教（环境）使之然也。"孩子幼小的心灵好像纯洁的白纸，往往"染于苍则苍，染于黄则黄"。当他们正处于成长发育期，可塑性大，好奇心强，人们的一言一行和其他客观事物都会成为他们模仿与学习的对象，外在环境的好坏常常能起到更加重要的作用。所谓"近朱者赤，近墨者黑"，在少年儿童身上表现得最明显。正因为孟母能时时关注儿子习性、言行的变化，及时找出其中的环境原因并果断地采取措施，才有效地挽回劣势，保证了儿子良好的发展方向。

孔子云："见贤思齐焉"，"无友不如己者"；荀子云："君子居必择乡，游必就士。"说的也都是外部环境，尤其是社会人文环境对人习性的影响。今天的父母，虽不必像孟母那样"择邻""三迁"，但为孩子的学习创造良好的家庭环境（尤其应避免家长自身造成的"环境恶化"，诸如打麻将、玩扑克、吸烟喝酒、争吵打架等等），引导他们健康向上的人际交往，鼓励其参与有益的课外及社会活动，使之接受优美的自然环境与积极的社会环境的熏陶，对其成长至关重要。

### 三、以身作则，强调品德教育

孟母不仅重视环境教育，而且十分注意言传身教，用自己的一言一行、一举一动来启发引导孟子求真向善的品德修养。《韩诗外传》有一则故事讲的就是孟母以自己的言行对儿子施以"不欺"的品德教育的：孟子小的时候，有一次看到邻居家杀猪，就问母亲，好好的一头猪，干吗杀了呢？孟母不假思索地随口哄他道："杀了猪割肉给你吃啊。"但随即就后悔自责起来，心想：我一直对孩子寄予厚望，想他将来能有出息，现在他刚刚懂点事，我却欺骗他，这不是在教他说谎话、不诚实、不守信用吗？于是赶紧去邻家买了块肉，做给孟子吃，以此弥补先前的失言，让儿子觉得母亲没有骗他。

古人曾说："子弟少年知识方开，须以端谨长厚养其心，为一生人品之根基。"要培养孩子成为对社会有用的人才，德育必须先行，它是保证孩子良好人生发展方向的基础和必要条件。父母是孩子的人生第一师，也是与孩子接触最多、最亲近的人，在家庭生活中，处处从自身做起，潜移默化地对孩子进行人格熏陶和品德教育，是必要的也是责无旁贷的。孟母的以身作则就告诉我们，家庭教育从某种意义上说，应当包括两方面：一是家长教育子女，一是家长的自我教育。两者密切相关，不可分离。尤其后者，更不容忽视。俗话说："有其父，必有其子。"虽不完全正确，但在修身养性上，父母要求孩子做的，自己应该首先做到，而且要做得更好。这样才能充当子女的人格榜样，才能建立起真正的"权威"。子女才能打心眼里"服气"，从而自觉接受父母的德育教导。而要达到这一点，做父母的就必须建立一种与子女间的平等意识，以及对自身品行修养的反省意识和忧患意识。"杀豕不欺子"看似不起眼的一件事，却从中既反映了孟母对孩子德育的重视，更表现了一个母亲在教育孩子上的严格自律精神。

## 四、严而有方，激励勤学精神

据《韩诗外传》记载：孟子小时读书，有一次读着读着忽然半道停下来，没了声音，过了一会儿才又继续。在一旁织布的母亲知道他思想又开小差了。便故意问怎么停下来了呢？孟子不好意思地回答道："刚才有点走神，现在好了。"孟母没有作声，却拿着剪刀将织着的布剪断，示意给儿子看，以此诫之。孟子明白了母亲的教诲之意，从此后读书专心致志。这就是《三字经》里"子不学，断机杼"的故事。孟母教子，不可谓不严，然而在孟子读书不专心，思想溜号的时候，孟母虽然心中气恼，但却既没有讽刺、挖苦、训斥、谩骂，也没有棍棒相加，而是简单又巧妙地以织布为喻，让儿子明白了断杼则无以成匹布；断学则无以成人才，学如逆水行舟，不进则退的道理。孟母教子可谓严而有方。

俗话说："玉不琢，不成器；人不学，不知义。"学习是一个人成才的必要条件。而学习的成功又不是三下五除二的急就章，它必须克服心猿意马、三心二意的浮躁，代之以刻苦勤奋、聚精会神和持之以恒的精神。然而大多数的孩子由于心理未成熟，缺乏理性，自我克制力弱，玩心大，在学习上很难保证能够自觉地坐下来，扎进去，心无旁骛，一以贯之。因此，施加一定的"外力"和压力对孩子将来的成长是必要的。严是爱，宽是害。一味地听之任之，信马由缰，孩子将来就很难有出息。但是一味地严厉，甚至在"恨铁不成钢"心理的支配下，以"棍棒出孝子"为"杀手锏"，也不是负责任的表现，其结果往往事与愿违，非但起不了好作用，反易激起有些孩子的逆反心理，甚至导致孩子身心受伤等令人痛心的后果，悔之晚矣。父母爱其子，教之以方。严要严在点子上，严而有方才能出效果。

在督促孩子的学习上，最忌"粗暴"行为、"家长"作风，或者觉得跟孩子讲不通道理，或者根本就懒得跟孩子讲道理。其实孩子一样有自尊心、有荣辱感，如春天里的幼芽，更需要"润物细无声"式的关怀和促进。像孟母那样。

（倪玉　王传飞）

# 成功者的十句箴言

成功箴言之一：自信不失谦虚　谦虚不失自信

　　李开复从小在母亲的极度宠爱下成长，他喜欢搞恶作剧，把家里所有的钟表调慢一小时以便晚上床睡觉，把邻居池塘里的水放干以证实里面并没有100条鱼。对这些小事，母亲都只是报以宽容的一笑。

　　可对关系到做人的事情，母亲的要求得极其严格。

　　刚入学时，李开复成绩不错，有一次他得意扬扬地对邻居阿姨表示"上小学以后就没有见过99分"，母亲知道后，第一次打了他。母亲告诉他："不只要好好学习，还要改掉骄傲的毛病。自夸是要不得的。谦虚是中国人的美德。"母亲总是不失时机地把做人的道理告诉开复。这一次强烈的记忆，使他懂得如何在谦虚和自信中保持平衡，而不会在自卑或自负中跌倒，这让他一生受益。

## 成功箴言之二：天赋就是兴趣　兴趣就是天赋

为了让李开复有个好的成长环境，在他11岁那年，他们举家搬到美国。后来，他进入了美国哥伦比亚大学学习"政治科学"专业。然而两年的学习让他知道自己的兴趣并非在政治方面。学习的枯燥经常让他在课堂上昏昏欲睡，学习成绩也不尽如人意。

不过他发现他在选修的计算机课上，有着惊人的天赋。往往是别人还在苦思冥想如何写出程序时，他早就把程序写完而无所事事。

于是他发现自己像发疯一样爱上了这门学科。因此，在大学二年级时，他自己作出了一个惊人的决定，"转系"！这意味着他将从一个全美排名第3的专业转到一个毫无名气可言的专业。但是，他听从了内心的选择，还是选择了计算机专业。而这个决定，改写了他一生的轨迹。

## 成功箴言之三：思考比传道重要　观点比解惑重要

大学毕业后，李开复开始读博士。在读博之前，他的系主任Haberman就告诉他，读博士的目的，就是要作出世界上一流的博士论文。至少在本领域是世界顶尖的。这句话让李开复特别震撼。然而，下面一句话，让：他受益更深，Haberman说，"做出一流的博士论文，也不是读博士的最终目的。而是你在读博士的过程中，获得一种思考的方法，而这种方法将使你在任何一个领域，都获得顶尖的成功！"

李开复的努力证实了这种说法。他用统计学方法做出的语音识别博士论文至今还是语音识别产品的理论基础。而李开复也在博士生涯中，学会了解决问题，拥有了战胜困难的勇气。

## 成功箴言之四：我不同意你  但我支持你

研究方向对一个人的发展极其重要，李开复在读博士期间选择的是"语音识别"。师从博士生导师罗迪。罗迪教授鼓励李开复用专家统计的方法来研究语音识别，而李开复在这个领域经过了一番研究后；发现语音识别用这个方法可以获得特定语者95%的语音识别率。李开复把整个研究过程写了一篇论文。一经发表，得到了很正面的回馈。但是他最终发现，专家系统是有严重局限性的，无法延伸到做不特定语者的语音识别。他认为有数据支持的统计模式是唯一的希望。当他把想法告诉导师时，罗迪告诉他，"我不同意你，但是我支持你！"

这样的说法让李开复备受感动，成就了李开复博士论文的成功。他的论文当年被评为《商业周刊》最杰出创新。

## 成功箴言之五：挫折不是惩罚  而是学习的机会

无论是小学还是大学，或者在读博士期间，李开复的成绩都很优秀。他用统计学做出的语音识别系统的识别率大大地提高了，而博士论文发表在国际期刊上，让全美的科技界震惊。这样一个明星学生可以说在卡内基·梅隆大学里没有什么忧愁可言。然而，一次暑期课程上他经历了不小的挫折。1983年暑假，李开复得到了暑期工的工作。其任务就是教宾夕法尼亚州60个最聪明的高中生计算机课程。李开复自己对那段时光非常享受，每天忙碌地备课，还想出各种教学方法。

但是，他领取薪水的那一瞬间看到学生的评语，才知道学生认为，"李老师的教学就像催眠曲！"这样的评价无疑使得李开复备受打击。

不过李开复并没有气馁。他把失败当成了学习的机会，因此获得了成功。他在此后的生涯里，尤其是回到中国以后，作了上千场的演讲。这无疑得益于学生时代的练习。

### 成功箴言之六：创新不重要　有用的创新才重要

李开复的就业起点很高，他一毕业就开始在苹果公司担任副总裁的高职。在这段路程上，他有许多成功，例如苹果的QuickTime，但是在SGI他碰到了巨大的挫折。他的团队发明的三维浏览器，在市场上失败，整个团队和产品被公司廉价卖掉。这时，他发出了"从挫折中学习"的反省能力。他理解了，仅仅有科学家的"新""酷"的创新是不够的。创新必须是针对用户的，必须是有用的。做产品的管理，必须把用户放在第一位。李开复1998年夏天回到中国，在中国开创微软中国研究院。这时，他把这个教训带入中国团队。

### 成功箴言之七：完美的工作 成长兴趣影响力

为了挑战自己，也想让自己有更加广阔的前程，李开复从苹果去了微软，成为微软全球副总裁。几年工作后，他深深地体会了一个完美工作的标准，那就是自己有浓厚的兴趣，能有成长的空间，并具备一定的影响力。他怀念着在中国研究院的兴趣，还有刚调回美国的学习，但是他期望着有更大的影响力。当他发现谷歌将开始在中国创建公司时，他主动找到了谷歌CEO施密特，并表示愿意加入谷歌。而施密特十分高兴，在一个月之后就给了李开复回复。李开复说，当你遇到喜欢的工作机会，不需要任何的迟疑，而需要积极主动来争取。因为这样的机会往往千载难逢，一秒钟的犹豫就可能失之交臂。

### 成功箴言之八：用勇气改变可以改变的事情

2005年，是李开复的转折年。他没有想到，一次普通换工作的经历引发了一次地震。微软的诉讼使他陷入了人生的低谷。对他的虚假负面报道铺天盖地而来。但是，他想到了他一生的座右铭：用勇气改变可以改变的事情，用胸怀接受不能改变的事情，用智慧分辨两者的不同。

于是，他全力以赴地投入了这场战斗，不再理会那些不能改变的谣言。他在从微软提取的30万份邮件资料中找寻有利的证据以证明自己的清白。经过两个月的努力，法庭同意李开复到谷歌工作。最后，当李开复回到媒体面前开始工作时，他发现，没有一个记者还提问与诉讼有关的问题，因为作为官司的胜利者，媒体不再相信那些谣言。

成功箴言之九：做最好的领导　让员工做有兴趣的事

谷歌公司聚集着世界上最天才的工程师们。如何管理这些"天才"，是摆在李开复面前的另一个课题。李开复非常推崇"放权"式的管理，他深知在以创意为主要生产力的公司里，不能恪守那些死板的规定。他可以让员工自己提出研究的方向。大家讨论决定。也可以让员工用20%的时间做自己喜欢的项目。他甚至可以让员工对公司提出建议，如果合理就采纳。谷歌公司自由的环境非常有名。作为管理者，他主要是在公司战略、每年的目标、合作伙伴、总部沟通上努力，其他的时间，他更是一个企业文化的维护者、公司的发言人、员工的教练。

成功箴言之十：价值不是你拥有多少　而是你留下多少

成功的途径不同，对成功的理解也不同。有人求名，有人求利，而李开复求的是自身价值的发挥。他说，你的价值不是你拥有多少，而是你留下多少。当他的一个同事赚够了钱而发现失去人生目标时，才意识到，人生的价值在于贡献和对他人的影响。

　　源于对价值的追求，李开复曾努力地把自己的成功经验与许多大学生分享。他给中国的大学生写信、写书，办了"我学网"，每年面对十万学生做演讲。在帮助学生的过程中，李开复看到中国大学生的成长。他说，他曾经想过自己的墓志铭应该有科学家或者企业家的注脚。但是，他说他现在已经没有这种想法，如果他的墓志铭上有热心教育者的字样，他会感觉到内心的温暖。而这，也是他所追求的，他留下的。

　　　　　　　　　　　　　　　　　　　　　　（飞花）

# 心中常念《诫子书》

喜欢读书，更时常读诸葛亮的《诫子书》，感受颇多：

夫君子之行，静以修身，俭以养德，非淡泊无以明志，非宁静无以致远。夫学须静也，才须学也，非学无以广才，非志无以成学。淫慢则不能励精，险躁则不能治性。年与时驰，意与日去，遂成枯落，多不接世，悲守穷庐，将复何及！

这是诸葛亮54岁时写给他8岁儿子诸葛瞻的书信，短小精悍、言简意赅，可谓是一篇充满智慧之语的家训。这既是诸葛亮一生经验的总结，更是对儿子修身养性、治学做人的具体要求，道理深刻，读来发人深省。

这段简单的文字意思为：有道德的人的行为，是以专一的精神来修养自身，以俭朴的生活来培养高尚的品德，若不恬静寡欲就无法确立坚定远大的志向，不保持宁静专一就不能求得精深学问、实现远大理想。学习要求潜心专一，才干在学中增长，不学习就无法掌握广博的知识才干，没有坚定的志向就不能成就事业。懈怠傲慢就不能励精图治，轻薄浮躁就不能陶冶自己的品性。年华随着时间在迅速流逝，最终像枯枝落叶一样没有用处，若不能继承前辈事业而大胆走向社会去锻炼提高，只是悲伤感叹地困守在自己贫穷的家里，到那时后悔又怎么来得及呢？

在这段文字中，诸葛亮谆谆告诫他的儿子，要"静以修身，俭以养德"，也就是要保持清心寡欲，以塑造高尚的道德情操。诸葛亮在"书"中强调："学须静也，才须学也，非学无以广才，非志无以成学。"就是说，立志于学、静心求学是手段和过程，养成学问、增长才干才是目的。那么增长才干又是为了什么呢？中国知识分子提倡的修身，作为内在道德实践与出世的宗教家所讲究的修养，不同，有着强烈的入世精神。诸葛亮自不例外。

《诫子书》所谈之养心修身学问是有明确的终极指向的，那就是"接世"——为世所用，有用于世。就是对国家、对社会有所益处。这就是诸葛亮的"宁静""致远"所要告诉我们的全部意义。诸葛亮当年"躬耕于南阳，苟全性命于乱世，不求闻达于诸侯"，可谓"淡泊""宁静"之极。然而，他心忧国家，有澄清天下之志，并为此作了长期的不懈努力，让具有雄才大略的刘备生出"犹鱼之有水"之感；助刘备联孙权抗曹操，成就帝业；辅刘禅励精图治，鞠躬尽瘁，死而后已。《诫子书》短短86字，道出了多层关系——学与静、才与学、学与志，也是诸葛亮一生所表现出来的智慧、才能和经验写照。

《诫子书》的核心是一个"诫"字：一个人必须从小注意修身养性，生活节俭，立志成学，加强思想修养，刻苦自励。做人与学习，做人居于首位，而做人的关键是"静"。所谓"静"，就是面对灯红酒绿，面对权力、金钱等诱惑，不能因一时侥幸而饮恨终身，不能因盲目攀比而心态失衡，不能因不拘小节而以身试法。要时刻坚守道德防线，时刻绷紧法纪之弦，自重、自省、自警、自励，恪尽职守，率先垂范，管住自己，管住身边人，维护自身形象。因而，《诫子书》在如今仍具有深刻的现实教育意义。

心中常念《诫子书》，能让我们在大好时光中抓紧时间学习，使自己的思想境界、道德情操处于最佳状态，做一个精神上的自养自足者。

（刘会君）

# 曾国藩的家教家风

　　自从唐浩明先生的长篇历史小说《曾国藩》出版之后，海峡两岸悄然兴起一股"曾国藩热"。我是曾国藩家乡人，数十年来，笔者采访了当地村组许多上了年纪的有识之士，因而对曾国藩及其家族后裔的真实情况有了比较全面的了解。家乡人最为崇尚的，首推曾国藩的家风家教。

　　纵观古今，凡达官贵人之家，大多好景不长，因其子孙逐渐骄奢淫逸，过不了两三代，便门第没落，日薄西山，气息奄奄。唯独曾国藩兄弟五人的家庭，至今190余年间，绵延至第八代孙，共出有名望的人才240余人，如此长盛兴旺之家，在古今中外皆属罕见。

　　曾氏家族之所以如此人才辈出，是与曾国藩良好的家风、严谨的家教、丰富的家庭藏书密不可分的。

　　**（一）曾国藩严谨的家风，既为当时和后人崇尚，也为乡亲和世人称道。**

　　1811年，农历十月十一亥时，曾国藩诞生在今湖南省双峰县荷叶乡神冲天子坪村。曾家祖祖辈辈都是勤劳节俭、忠厚善良的农民。

曾国藩从小受家庭影响，半耕半读发奋苦学成材，后因战功卓著封侯拜相官至极品，且四个弟弟曾国潢、曾国华、曾国荃、曾国葆齐如雁阵皆受皇封同做高官，赢得满族荣华。但他时时处处谦虚谨慎，再三告诫子孙后代必须"半耕半读，勤俭持家，以继承祖先的优良传统。"要他们亲自参加打草、捡柴、拾粪、插禾、锄地、收割等农事劳动，不许仗势欺人，不许使婢差奴。曾国藩对祖父星冈公遗下的"治家八字诀"甚为推崇："书蔬鱼猪，早扫考宝（即读书、种菜、养鱼、喂猪、早起、扫屋、祭祖、睦邻八件事情）。"其住宅取名"八本堂"。八本即：读书以训诂为本，诗文以声调为本，事亲以得欢心为本，养生以少恼怒为本，立身以不妄语为本，居家以不晏起为本，居官以不要钱为本，行军以不扰民为本。这八本是曾氏书香门第家庭教育之精髓，曾国藩兄弟及其子孙后代终身行之不懈。此外，曾氏祖传家规家风还有三不信：不信僧巫（和尚师公），不信地仙（风水先生），不信医药（凡药三分毒）；三致祥：孝致祥，和致祥，恕致祥；以及"勤俭孝友"四字要诀：勤劳俭朴持家，孝敬父母长辈，友好兄弟姐妹，团结左右邻居。

曾氏的家庭教育，以八本为经，以八宝为纬，以四字要诀三不信三致祥穿插其中，经纬连贯，脉络相通，这就形成了一套治家的完整可师的理论体系，实为一部珍贵的家庭教科书。

常言道，身教重于言教，榜样的力量是无穷的。曾国藩生长于一个勤俭孝友的大家庭，他自结婚后，生有子女，虽任侍郎，任总督，任大学士，直到封侯拜相，他的家庭生活，仍然和青少年时期当农民一样，克勤克俭，戒骄戒躁，从未丝毫骄奢，这是许多人都不易办到的。曾国藩的日常饮食，总以一荤为主，非客到，不增一荤，时人称之为"一品宰相"。其穿戴更是简朴，一件青缎马褂一穿就是三十年。曾国藩出将入相，每天日理万机，自晨至晚，勤奋工作，从不懈怠。主要公文，均自批自拟，很少假手他人。晚年右目失明，仍然天天坚持不懈。他所写日记，直到临死之前一日才停止。其妻子女儿，跟他同住江宁（今南京）两江总督府。他规定她们白天下厨做饭菜，夜晚纺纱织麻到点，日日夜夜如此，从未间断。

**（二）坚持勤俭家训，教育谦恭后代，曾氏家书流传千古。**

曾国藩一生著述甚丰，单是湖南岳麓书社出版的《曾国藩全集》共有30卷数百万字之多。然而，唯独《曾国藩家书》最为著名，流传海内外。无论城乡，凡知书达理之家，多备有曾氏家书家训，以便教育子孙奋发上进，有所作为。

曾氏家书家训有许多深刻独到的见解。曾国藩于同治二年给曾国荃的信中写道："余蒙先人余荫而居高位，与诸弟及子侄谆谆慎守者但有二语，曰：有福不可享尽，有势不可使尽。……由俭入奢易于下水，由奢返俭难于上天。欲得家运绵长，第一要禁止奢侈享用。"

曾国藩对自己大富大贵的家族时刻保持着清醒的头脑。他于咸丰十年九月写信给曾国荃说："傲为凶德，惰为衰气，二者皆败家之道。……天下古今之才人，皆以一傲字致败；天下古今之庸人，皆以一惰字致败。盛时常作衰时想，上场当念下场时。富贵人家，不可不牢记此二语也。"从古到今，骄傲专横者总是好景不长，且常常导致众叛亲离、身败名裂的下场；懒惰则出现衰败颓丧之气象，必须高度警惕。他又强调指出："居家四败：妇女奢淫者败，子弟骄怠者败，兄弟不和者败，侮师慢客者败。一家能勤能敬，虽乱世亦有兴旺气象；一身能勤能敬，虽愚人亦有贤智风味。"

曾国藩撰写了一副十分警策的对联："不为圣贤，便为禽兽；莫问收获，但问耕耘。"此联发人深省动人心弦，实为广大读书人的座右铭。

曾国藩谆谆告诫儿子纪泽、纪鸿道：孝敬父母，友好兄弟是一个家庭的吉祥之兆。此因果报应是很灵验的。又说："兄弟和（和睦），虽穷氓小户（贫穷无名的人家）必兴，兄弟不和，虽世家宦族（富贵大家族）必败。"

曾国藩再三叮嘱子孙：我不愿儿孙为将领，也不愿儿孙为大官，只希望成为饱读诗书、明白道理的君子。能做到勤劳节俭，自我约束，吃苦耐劳，能屈能伸的，就是有德有才的人。

道光二十九年四月，曾国藩又对四个弟弟叮嘱道：从古到今，官宦人家，大多只有一二代竭尽享乐便完蛋了。这其中最主要的原因就是其子孙后代开始是骄横跋扈，接着是荒淫放荡，最后落得个抛尸荒野的下场。而商贾之家，勤俭者能延三四代；耕读之家，谨朴者能延五六代；孝友之家，则可以绵延十代八代。我今赖祖宗之积累，少年早达，深恐其以一身享用殆尽。故教诸弟及儿辈，但愿其为耕读孝友之家，不愿其为仕宦之家。诸弟读书不可不多，用功不可不勤，切不可时时为科第仕宦起见。　　　　，

曾国藩的家书家训，其子孙后代不仅认真学了，而且均一一落实在行动上。曾家勤俭谦恕，孝敬父母，友好兄弟，是做得最好的典型。据家乡老人回忆：曾家上下齐心，尊老爱幼，和睦相处，从未出现过不团结的现象。自曾国藩兄弟之后，再没出领兵打仗的将领了。他们绝大多数留学英、美等国的名牌大学，学贯中西，成就卓著，成为教育界、科技界、艺术界的名家大师，饮誉五洲四海，为人类的文明进步事业作出厂不可磨灭的贡献。

**（三）诗书传家，藏读结合，学以致用，富厚堂曾府藏书楼培育许多后人成为国家的栋梁之材。**

坐落在曾氏老家湖南省双峰县荷叶乡的富厚堂是曾国藩功成身退之所，占地4万平方米，建筑面积28000余平方米，三层大楼高耸于浓荫绿树之中，四周山清水秀，风景十分优美。

富厚堂既是堂堂宰相府，是曾氏家庭的住宅，又是规模宏大的藏书楼，同时也是曾府子弟及至亲子弟读书的家庭学校。这个学校治学严谨，学风纯正，藏读结合，学以致用，培育了一批又一批曾家及亲戚后裔成为国家栋梁之材。这个书香门第，从此诗书传家，名人辈出。曾府后裔共有六代人在这里居住、读书，从这里走向世

界，绝大多数均取得高等学府的学历，且有多半留学英美等国名牌大学。这些人有的留在大陆，有的去了香港、台湾，有的侨居国外，学贯中西，成就卓著。

曾国藩一生与书籍结下了不解之缘。他除从政治军外，读书、买书、搜书、刊书、著书、藏书是他唯一的嗜好。曾国藩一生著述颇丰，集家书、诗文、联语、奏疏等共有128卷。受曾国藩的影响，他的后人也是最爱读书、藏书、买书和著书。据曾伯贤老先生回忆，抗日战争时期，有五个美国高级军事顾问在富厚堂翻阅外文书籍，每次都不想回营，他们所要看的参考资料，连许多省城甚至中央一级图书馆都没有，但在富厚堂都能一一找到。还有1941年，长沙市明德中学迁到荷叶高枧敦福堂，许多教师都喜欢到富厚堂查阅资料。这期间，曾约农、曾宝荪姊弟为避日寇侵犯，将自己创办的长沙艺芳女校大部分图书仪器也移藏于此，自此富厚堂藏书更丰。曾家六代人共藏书39万余册，现分别珍藏于湖南图书馆、社会科学院及台北图书馆。富厚堂曾国藩故居现已申报为省级文物保护单位，每年都有大批中外人士前往参观凭吊，以沐曾氏家族那源远流长的书香气息。

"滚滚长江东逝水，浪花淘尽英雄。"鉴古观今，许多达官贵人之家曾红极一时，然而由于家教不严家风不正，往往好景不长，有如昙花一现。古往今来，无数的教训皆是触目惊心的。然而曾国藩家族的众多后裔恪守祖训，人人刻苦自励，自强不息，和穷苦子弟一样克勤克俭操持家务，坚持体力劳动，发奋半耕半读，因此能吃苦耐劳，从小便磨炼出一副钢筋铁骨，加上知书达理，德才兼备，随时可以对付种种恶劣的环境。所以，历经百年几次改朝换代内战外患天灾人祸，唯曾氏书香门第欣欣向荣，人才辈出长盛不衰。曾国藩家族至今绵延至第八代，240余人中，大多成为教育界与科技界的名家大师，没有出一个纨绔子弟。如此人才辈出的家族，确实值得整个中华民族细细研究，为之效法。

（邹其霖）

# 教子有方的曹操

　　在三国群雄中，教育子弟最有成效的，当首推曹操。他的几个孩子，曹丕、曹植文武双全，都是著名的诗人；曹彰刚毅威猛，是一员名将；曹冲虽然13岁就夭折了，却是历史上罕见的神童。如果没有良好的家庭教育，能够达到这地步吗？

　　不过，曹操是怎样教育孩子的，无论是正史还是《三国演义》记叙都过于简略，我们仅能从一些侧面，略知一二而已。

　　曹丕在《典论·自叙》中说：在我五岁时，父王看到世局扰乱，教我学射箭，六岁能开弓；又教我骑马，八岁就能骑射了。后来，曹操命他从少年时代起，就随军东征西讨，练得一身精湛的武艺，而且还长于弹棋，精于诗赋，这说明曹操教育孩子是从童年的启蒙教育就抓得很紧的。至于曹植，十岁出头就诵读《诗经》《论语》以及辞赋几十万字，而且下笔成文，倚马可待。曹操不大相信他如此捷才，曹植要求面试，当邺城铜雀台刚建成时，曹操带领儿子们登台，命各人作赋，曹植第一个交卷，曹操不由得连声称赞子建的才气了。这也同样说明曹操的孩子幼年时代奠定的基础是何等坚实。

所以，曹操非常注意给孩子们选良师，并要求他们尊敬老师。他给他的儿子们选拔属吏时下令要选"德行堂堂"的人物。他还选被称为"国之重宝""士之精藻"的邴原为曹丕的长史。曹操有次出征时，让曹丕留守，派张范、邴原辅佐，严令曹丕有事必须尊重张邴二人意见，并对张、邴二人"行子孙礼"。

曹操对儿子们学习抓得很紧，在品德上的要求尤其严格。218年，他派曹彰带兵讨伐代郡乌桓的叛乱。临出发前对曹彰说："居家为父子，受事为君臣，动以王法从事。尔其戒之！"这是告诉他王法无私，犯了过错是不能指望依靠父子之情得到宽赦的。曹彰果然兢兢业业，奋力战斗，所向披靡，完全平定了北方。后来回禀曹操时，却并不居功，而把功劳归于部下将领。曹操听了十分高兴，亲切地握着曹彰下颌的黄胡须说："黄须儿竟大奇也！"

而对于曹植，本来虽然极其宠爱，很想立为世子。213年，曹操率军南征孙权，命令曹植留守邺城，临行之前曹操说："我二十三岁时做的事情，现在回想起来，也没有什么错误；你今年也二十三岁了，难道还不应该努力吗？"言辞间寄托了多么深切的期望。可是，曹植由于恃宠而骄，放纵不羁，有一次乘车在"驰道"上走，又私自打开"司马门"出去。而在这两条路上行走是只有皇帝才能享受的特权，曹植这样做，就触犯了国家法律。曹操知道后，十分生气，下令斩了守门官吏，并宣布说："始者谓子建，儿中最可定大事。""自临淄侯植私出，开司马门至金门，令吾异目视此儿矣。"后来就决定不立曹植而改立曹丕为世子。这种改变当然还有其他一些原因，但曹操对儿子的严格亦由此可见。

反映在曹冲故事里的"大船称象"早已脍炙人口。当曹操向部下征询称象的办法时，曹冲这五六岁的孩子，竟能直抒己见，毫不拘谨和畏葸，提出大船称象的好办法，曹操还高兴地照办了。这不也从侧面反映出他虽为魏王，在家庭生活中和子女舐犊情深，是亲密融洽的吗？所以在教育中常收潜移默化之效，儿子们个个都学有所长，也就不奇怪了。

由曹操教子的成功不由让人想起刘备。刘备虽是一个堪与曹操齐名的卓越的政治家，可惜不会做父亲，其子阿斗竟成为千古笑柄，"扶不起的阿斗"成为一切"孱头"的别名，这原因是不难探究的。刘备飘荡半生，四十多岁才得此一子（到成都后，吴后又生二子，那是后话），极其钟爱。当阳一战，为了救阿斗，几乎断送赵云的性命。后来孙夫人带阿斗回吴，又是赵云、张飞半路截下的。"千金之子，坐不垂堂"，正因为保全这孩子极其不易，刘备对他便会特别怜惜、娇惯和溺爱了。英雄气短，儿女情长，"怜子如何不丈夫"，刘备何能渺？事物发展到极端便走向反面；这就为阿斗之庸碌种下因子了。

（陈顺辉）

# 当好孩子的"第一任老师"

父母是孩子的第一任老师，父母在日常生活中的言语行为以及家庭环境，都将在子女幼小的心灵里留下难忘的印象。对孩子后天的成长起着至关重要的作用。俗话说："老子英雄儿好汉，老娘耍泼儿混蛋。"说的就是这个道理。

据有关资料表明，孩子接受的家教不同，将来形成的性格也各不相同。孩子在适当的鼓励中生活，他就会学会自信；孩子在过分赞扬中生活，他就会学会自负；孩子在适当的表扬中生活，他就会学会自尊；孩子在羞辱和指责中生活，他就会学会自卑；孩子在平等中生活，他就会学会公道；孩子在争吵中生活，他就会学会诡辩；孩子在埋怨中生活，他就会学会责怪；孩子在忍耐中生活，他就会学会容忍；孩子在偏爱中生活，他就会学会妒忌；孩子在缺乏温暖中生活，他就会学会冷漠。可见，家教是多么的重要，作为孩子"第一任老师"的父母责任是多么的重大！

现在的家庭大多数都是一个孩子，父母习惯把孩子叫"宝贝"，生活中把他们像"小皇帝"一样供着，捧在手里怕掉了，含在嘴里怕化了。这种不正常的管教方式，突出表现为"三过"：

一是过于宠爱。怕孩子各方面受委屈，要星星给星星，要月亮摘月亮，有的甚至在外面打了架犯了错误，家长也百般袒护，久而久之，使孩子养成了唯我独尊的毛病，对大人没有礼貌，与小朋友相处不讲友爱，在公共场合不守规矩，成了人见人烦的"皮孩子"。这样的"爱"其害无穷。记得还是在很久以前，笔者就多次听到一个令人十分伤感和发人深省的故事：有个因图财害命而被判处死刑的青年人，在处决前提出要吮一口母亲的乳汁。当母亲伸过已干瘪的乳房时，他竟一口将乳头咬了下来，接着泣不成声地对母亲说："您生我、养我、爱我，也害了我。小时候我和别的孩子打架，您回回偏袒我，我偷拿了邻居的东西，您替我藏起来。长大了我不务正业，偷鸡摸狗，父亲责骂我，您总是护着我。那时我觉得天下只有妈妈好，直到今天我走上绝路，才真正明白了那不是爱。"这人之将死的哀号，使多少母亲为之痛悔和感叹。

二是过多包办。不管孩子多大了，总觉还小，凡事不放心，把一些本该孩子自理的日常事，比如洗脸、洗脚、穿衣服等本来二三岁的孩子就能干的事也包办代替了。譬如说，有时孩子要去公园、动物园、游乐场这些地方，那就该全家紧急动员了，换衣服的换衣服，拿食品的拿食品，带玩具的带玩具……还有带风速仪、温度计以防天有不测风云的。久而久之，父母已成为孩子生活中总也扔不掉的"拐棍"。在这个问题上有个笑话很能发人深省，说的是一个20

岁的儿子跟着他40岁的父亲生活，儿子虽然年轻力壮，但仍然是衣来伸手，饭来张口，凡事都要靠父亲照顾。有一天遇到一个算命先生给爷儿俩算了一卦，说"父亲还能活40年，儿子还能活42年"，儿子听后放声大哭说："我父亲死了以后剩下的2年谁来照顾我！"由此可见，父母总是对孩子不放心，孩子就永远也长不大。

三是过高期望。许多父母望子成龙心切，一味地给孩子心灵上施加压力，有的规定孩子每天除了完成老师布置的作业，还必须练一小时的琴或作一小时的画、学一小时的电脑等等，给孩子过早过多地增添了一些不必要的负担。所有这些做法，都程度不同地违背了孩子的成长规律，不利于他们的健康成长，往往容易导致"望子成龙反成虫，宝贝疙瘩惹气生，一生中满腔热血为子女，到头来竹篮打水一场空"的后果。

那么，怎样教育子女成人成材呢？我们觉得至少要把握好这么"三要"：

第一是思想引导要正确。像毛泽东、周恩来、朱德、陈毅等老一辈革命家那样，教育子女要热爱祖国、热爱人民、热爱事业，讲文明、懂礼貌，做一个有理想、有志气、有才华的有用人才。在条件允许的情况下，还可以多为孩子创造一些"苦其心志，劳其筋骨，饿其体肤"的机会和环境，培养造就他们吃苦耐劳、自强自立的大无畏精神。

第二是教育方法要得当。既不能宠爱，又不能严而不当；既不能放任自流，又不能约束过分；既不能一味表扬，又不能批评过头；既不能要求过急，又不能没有努力目标。要根据孩子的特点和成长发育规律，在德、智、体、能各个方面循序渐进，逐步养成。

第三是自身形象要良好。孩子的模仿力很强，随着年龄的增长，他们的思维能力也不断增强，大人的一言一行，他们都会记在心里，甚至在行动上体现出来。著名科学家居里夫人，为了让自己的两个儿女不成为金钱的俘虏，而成为事业的强者，她和丈夫首先不崇拜金钱，把科学发明得来的奖金——戴维斯奖章，送给儿女当玩具；把提取价值连城的镭元素得来的诺贝尔奖奖金，全部捐献给法国科学院。后来她的两个儿女及女婿在他们的影响下，都在自己的事业中取得了卓越的成就。当他们回忆起母亲的教育时说："我们的母亲在富贵与贫困之间，坚定而无私地选择了后者，这对我们有着终生的影响。"

（张宝　程伯福）

# 给孩子树立一个好榜样

先提一个问题，倘若你是一位家长，当你带着孩子逛大街碰到满天飘落钞票时，你会怎么办？也许有人说这种假设是不可能存在的，也没有这样的"考验"机会，其实不然，不久前，就在国外一条大街上发生了这样的奇观，当然也让不少人（包括为人父母者）实实在在地经受了一次"考验"。

1997年1月18日《人民日报》报道，1月8日早晨上班高峰时间，当一辆装载巨额美钞和食品券的装甲运钞车在美国迈阿密市一条高速公路不慎从立交桥上翻滚而下后，面对从天而降满天飞扬的纸币和冰雹般落下的硬币，附近的一些行人、居民及乘客纷纷抓起五花八门的袋子捷足先登，从四面八方蜂拥而至……一场不堪入目的抢拾美钞混战之后，大约55万美元就被抢了个一干二净。饶有趣味的是，当警方次日宣布一道命令，要求拣到钱的人如数退还，否则将以偷窃罪论处后，只有两个人共交还20.38美元，其中包括一位令人敬佩的母亲。这位抚养着6个孩子的母亲来到警察局，交出一把硬币，共计19.53美元。她虽然在当地一家百货公司上班，每小时工资仅5美元，但她却说："我有孩子，我要为他们树立一个好的榜样。"

由此，笔者不禁想起家教这个令许多家长感到一筹莫展又无可奈何的话题。不是吗？据不久前《中国青年报》在全国范围内进行的《家庭教育问卷调查》表明，90%以上的家长承认自己在家教中失败，近20%的家长明确表示，他们缺少教育方法。对此，许多人陷入困惑：如今的孩子怎么啦？往后的家教究竟该怎样进行？

与五六十年代出生成长的孩子比较，如今的孩子的确有一些不同之处，这主要表现在作为一个特殊群体的独生子女的他们，许多人在父母心目中比上几代出生的人更稀罕、更宝贝、更需要受到呵护、照顾和疼爱。用一些父母的话来形容，那真是"捧在手里怕掉了，含在嘴里怕化了"。然而，物极必反，如此疼爱到极处便走向了事物的反面，这恐怕是许多父母所始料不及且不愿看到的。许多孩子非但没有像父母期望的那样懂事，反倒变得更加任性、自私、懒惰、骄娇，他们不仅不领父母这份沉甸甸的爱子之情，反而认为这种体贴入微的疼爱是一份摆脱不了的、沉重的负担，如此，家教方式一步步陷入误区并走向失败当然不足为怪。

对此，许多家长也许仍然百思不得其解，自己苦口婆心，没少费口舌，该讲的道理都讲了，为什么孩子依然我行我素，甚至不听管教呢？、那么，在解开这个困惑之前，不妨先介绍两件趣事逸闻。一件是古代陶母教子的故事。陶侃是我国晋代一位少有大志、办事勤勉、深有才干的清官，陶侃小时，陶母注重培养孩子宽厚善良、乐于助人的品格。有一年，范逵一行路过陶家，天色已晚，便投宿于此。其时连日冰雪，陶家一无所有，而范逵的随从和马匹很多。陶母见状即告诉陶侃："天色晚了，客人自当留下，困难再大，也得想办法照料好他们。"于是，陶母找来一把剪刀，"咔嚓"一声，剪下自己长长的头发，拿到市上去换了米，然后砍下家中屋柱，劈开来当柴，就这样做了晚饭。她还把家中用于坐卧的草垫铡碎喂马。天黑时分，饭食即熟，范逵的人马都得到了给养。这一晚的食宿，可谓倾尽陶家所有，而陶母的一言一行在陶侃幼小的心灵上留下深深的印记。另一件是毛泽东教子的趣闻。据李讷回忆，身为父亲的毛泽东生前以身作则，严格要求她勤俭节约、艰苦奋斗，睡衣上的补丁数都数不清。吃完饭，每个碗都是干干净净的。小时候，李讷不懂，饭粒掉在桌子上，开始他让李讷捡，李讷不捡，他就过去捡起来放在自己嘴里。从那时起，李讷就牢牢记住了，一定要爱惜粮食。家教成功的秘诀由此已显而易见：言传固然不可少，身教则更重要。

遗憾的是，现实生活中的许多父母在身教方面做得不够甚至背道而驰，平时教育起孩子来头头是道，大道理一套一套的，但在具体行动中，或有意无意或自觉不自觉地溺爱着孩子，并对做父母的自己得过且过、放任自流。比如轮到让孩子自己做事的时候，有的父母总是不忍心或不放心孩子，常常是百般拒绝并越俎代庖，无形中剥夺了孩子锻炼、学习的权利。更为教育所忌讳的是，有的父母在孩子面前说的是一套，背过孩子做的又是另一套。比如有的父母教育子子树雄心、立壮志，自己却整天泡在麻将场上不出来；有的父母教育孩子诚实守信，自己做事却坑蒙拐骗，不择手段；有的父母教育孩子与人为善、文明礼貌，自己与人发生摩擦则常常污言秽语，甚至拳脚相加。如此等等。孩子耳闻目睹父母自相矛盾的言行，并受其潜移默化的不良影响，自然难以形成正确的立场、观点和为人处世的态度及行为规范。如此一来，即便是家长教育孩子的道理讲得如何深透和完美，也难免成为极其苍白和毫无说服力的东西。而与此形成鲜明对照的是，现实生活中，那些大字不识几个且大道理讲不出多少的家长，能运用其高尚的人格魅力和表里如一、言行一致的行为，给孩子塑造出良好的个性心理和道德品质的成功的家教范例，倒是比比皆是。

的确，家教是一门艺术、一门学问，既极其深奥又十分简单。其核心关键是要求做父母的用言传身教去审慎地进行教育。应该认识到，在家庭环境中，父母的一言一行，孩子都耳濡目染，并极力仿效。经验教训已经告诉人们，要想使家教收到良好的效果，既要讲"言传"，更要讲"身教"。也就是说，父母在教育孩子过程中要身体力行，要求孩子做到的，自己必须首先做到。古人云"己所不欲，勿施于人"，反之亦然，倘若己所不欲，却要强加于人，其效果是可想而知的。是谓：其身正，不令而行；其身不正，虽令不从也。

父母是孩子的第一任教师，孩子是父母的影子。父母教育孩子，对于孩子来说，重要的不是看父母讲了多少道理，而是要看父母怎样做，只要父母率先垂范做出榜样，其感召力和威力产生的家教效果是不言而喻的。如今的孩子是21世纪的主人，家庭教育对父母来说，可谓义不容辞、重任在肩。为此，回过头来再联系文章开头提及的那位美国母亲在交回所捡美元时所说的那句话，不可谓不意味深长、发人深思。

（石劲松　何芳）

# "隔代教育"的负效应

  由爷爷、奶奶、外公、外婆对孩子的教育，教育专家称为"隔代教育"。祖辈因为年龄较大，心理因素特殊，以及与孙辈是"隔代亲"，在教育孩子方面有着不可忽视的负效应。这虽然减轻了年轻父母的负担，也为老人晚年生活带来了乐趣，但从孩子健康成长来说，却是极为不利的。

  其一是不利于孩子养成独立的人格和坚强的生活意志。由于"隔代亲"的缘故，老人对孙辈的溺爱比父母更甚。这种由老人架设的"温室"里生活的孩子，久而久之将形成任性脆弱、追求享受、缺乏独立性、生活意志薄弱的弱点，将来很难适应社会环境。

  其二是不利于孩子形成创造性思维和自我超越的性格。与年轻父母相比，老人一般思想观念陈旧、知识老化，他们在教育孩子的方式和观念上仍沿袭陈旧的老一套，因此，"隔代教育"下的孩子比其他孩子死板、智商低，接受新知识也慢，反应也不灵敏。

  其三是不利于孩子形成过硬的心理素质。祖辈老人在年龄上步入晚年，很多老人正处于"更年期"人生阶段。孩子与处于"更年期"的祖辈长期相处，容易产生自卑厌学、考试紧张、人际交往恐惧、出走等轻度的心理障碍，如不及时疏导、正确矫治，心理素质不过硬，不但不成材，甚至难成人。

年轻的父母们，对孩子家庭教育的投入，就是对明天的投资。自己工作再忙，事业再重，都不能忽视了教育孩子的责任，要培养孩子自主、自立、自强的精神，培养他们良好的科学文化素质与健康的身体和精力，关心孩子的心理健康，做一个称职的家长。

（韦志彪）

# 郑板桥临终教子的启示

郑燮（1693—1765），字克柔，号板桥，江苏兴化人，清代著名书画家、文学家。

郑板桥晚年得子，自然对儿子很疼爱，却从来不溺爱。他并不想为儿子留下多少钱财，他所担忧的不是家中产业太少，而是儿子肩不能挑担，手不能提篮，又不会干工匠活，缺少谋生的手段，没有立身处世的本领。当他病危之时，便把儿子叫到床前，说自己要吃儿子亲手做的馒头。儿子觉得很奇怪，但父命不可违，只好勉强答应，心中却叫苦不迭，因为他根本不会做。父亲看出儿子面有难色，便叫他去请厨师做指导，但明确交代，只许儿子亲自动手做，绝不能直接由厨师代劳。儿子请到了厨师，先从和面擀面做起，然后才学着怎样做馒头，直弄得腰酸背痛，满头大汗，真是费了九牛二虎之力，才算把馒头做成。等到馒头蒸好以后，高高兴兴地送到病榻前，这时郑板桥却早就断了气。儿子哭着跪在床边，忽然发现茶几上有张纸条，拿起来一看，只见上面写着这样的话："淌自己汗，吃自己饭，自己的事自己干，靠天、靠地、靠祖上，不算是好汉!"到这时儿子才明白父亲临终时要他亲手做馒头的用意，原来是教他学会自力更生，不能依赖他人或祖业过活。

郑板桥临终教子的故事虽然很简短，意义却十分深远，委实能够发人深省。当今之世，许多人在激烈的竞争中拼命赚钱，就其动机而言，除了为努力改善和提高自身的生活水平之外，在很大程度上是想给儿女们留下一笔丰厚的钱财，让子孙后代生活得富裕些、舒适些。至于如何教育儿女学会怎样做人与处世，学会自力更生的谋生手段，学会独立创造生活条件的本领，则反而放在次要地位，这实际上是本末倒置的做法。这样做，名曰爱之，其实害之。事实上，儿孙没有本事，缺德少才，不会独立谋生，不会做人处世，就算遗产再多，哪怕留下金山银山，也会坐吃山空。对于某些人来说，遗产越多越有害，往往只能助长他们四体不勤，骄奢淫逸，花天酒地，嫖赌逍遥，腐化堕落，甚至违法乱纪，胡作非为，最后只落得个身陷囹圄、家破人亡的悲惨下场。

郑板桥临终教子的做法，才真正是为后代的长远利益着想，人们应该从中得到有益的启示。与其给儿孙多留钱财，不如大力加强对他们的教育，将他们培养成为德才兼备、有真才实学、有独立谋生手段的人才。笔者十分赞赏邵守义先生在《做人与处世》杂志1997年第1期封底上的一句赠言："与其给子女留金储银，不如教子女学会做人。"但愿天下做父母的人，能够牢牢地记住邵先生的这句话。

（周德）

# 误人、贤人与尽人

　　中国有好多人才，因为没有遇到"明主"，用现代话说，就是没有遇到好的"领导"，被误了。

　　三国时代，袁绍手下的一大批人才，可以说就是被袁绍误了。袁绍出身名门，自高祖父袁安以下，四世居三公位，"由是势倾天下"。讨董卓时，一度被奉为领袖。袁绍消灭了公孙瓒之后，合并北方四大州，拥百万之众。当时"豪侠多附绍，皆思为之报，州郡蜂起，莫不假其名"，可是袁绍有个致命弱点，就是不善用人，忠奸莫辨，智愚不分。建安五年春，袁绍秣马厉兵，统领十万大军，准备伐操，袁绍的谋臣田丰对袁绍说："曹公善用兵，未可轻也，不如以久持之。"袁绍不听，丰恳谏，绍大怒，命将田丰下狱。官渡一战，曹军大破袁军，绍既败，有人对田丰说："君必见重。"田丰却说："若军有利，吾必全。今军败，吾其死矣。"袁绍回来，果然把田丰杀了。田丰反对袁绍伐曹的意见，不是已被实践证明是正确的吗？那么，袁绍为什么还要杀田丰呢？关键就在于田丰伤了袁绍的面子，破坏了他的"威信"，因为你反对我，你对了，就意味着我错了，这还了得！也许田丰正是想到了这一点，所以有人向他道喜时，他说，吾其死矣。

袁绍就是这样，误了一批人，最后实际上也误了他自己。

像袁绍这样误人的是一种最差劲的类型，还有一种比较普通的情况，即能贤人，就是说对人才尊重有加，待遇优厚，但不知如何使用，或不愿加以重用。三国时代，这样的例子也有，比如刘表，好吸纳天下才俊，但他是要以此成就自己的名士之风，并不准备用来于事业。

像曹操，刘备这样的人，才是做到真正的"尽人"的典范。曹操任天下之智力，争天下之归心，能广招人才，知人善任。曹操起兵时，只有本家几个兄弟和侄子做骨干，七拼八凑，不过四千兵马。但是他善于用人，短短几年内，就形成了"谋士如云，战将如林"的庞大军队。刘备也是求贤若渴盼得贤才而用之。诸葛亮这样的人才投到刘备麾下，看中的就是刘备当时急需人才辅佐，在刘备手下，可以尽展才能。据《袁子》记载，在刘备三顾茅庐之前，有人建议诸葛亮投到刘表帐下，诸葛亮认为刘表"能贤人而不能尽人"，不屑一顾。

在对待人才的问题上，最普遍的区别在于贤人和尽人，"贤"和"尽"一字之差，却意义不同。"贤"在这里指对人才的尊重，能"贤人"者，对人才往往关怀备至，礼遇有加。某些领导者之"贤人"，不在乎用，而在于装点门面。在他手下，人才成了摆设。即使偶尔一用，也要捆住人家的手脚，千方百计地予以掣肘，使人干起事来缩手缩脚。而尽人则不同，其爱才、揽才，全在于用。人才到了他手下，犹如鱼儿回到了海里，鸟儿飞到空中，他会想尽一切办法，为你施展才华扫除障碍，解除你的后顾之忧，为你创造出良好的环境，让你心情舒畅地担纲挑大梁，放开手脚大干一番。贤人与尽人，实际上反映了两种不同的用人观。大凡有真才实学的人，生活待遇对于他们来说并不是第一位，他们所追求的是自己才能的发挥，抱负的实现，人生价值的升华。作为有一定理想、抱负的领导者，通常是懂得尽人的用人之道的。但贤人容易尽人难。贤人只要有礼贤之心，有解决问题的经济实力，就比较容易做到，而尽人是对人才的更高层次上的尊重，他要求领导者有用人的胆识和气度，有知人善任的硬本领。

　　总之，在人才的问题上，要追求尽人，其次才是贤人，绝对不要像袁绍那样误人。

（陆伯约）

# 威王和宣王，你学谁？

有个古代故事挺引人关注。

齐威王常常听到有人在"美言"阿大夫，那么，这是不是事实呢？他明白耳听为虚眼见为实的道理，就亲自深入"基层"做了番调查研究，于是一下子就"查"清了真相：原来，阿大夫治理的东阿地区田野荒芜民不聊生，而阿大夫之所以"誉言日至"，那是因为他以"厚币精金"买通了左右，让他们为自己吹喇叭唱赞歌。既然真相大白，齐威王也就严惩不贷，下令逮捕了阿大夫与那些为其"美言"的人，还毫不留情地处以了烹刑，从此，齐国"群臣耸惧，莫敢饰非，务尽其情，齐国大治，强于天下"。

有趣的是，也是古代的齐国，却发生过另一件完全相反的事。

齐宣王喜欢拉弓射箭，他的弓只有"三石"，但他手下的大臣为了恭维他，却偏偏对他说："吾王之弓足有九石，非吾王神力休想开也！"说着，那些大臣还故意拿起那弓，挺无奈地试了试，再挺无奈地把那张弓放下。眼见众大臣"无可奈何"，齐宣王十分得意，便以为自己是天下第一大力士，他兴冲冲意昏昏，直到死也没发现——他拉的那张弓其实只有三石。

壮哉！齐威王！悲哉！齐宣王！一个清醒，一个糊涂！怪不得前者被人传颂至今，而后者却成了反面教材！

那么您呢？

您是喜欢听赞歌的好大喜功的"齐宣王"，还是深入实际脚踏实地的"齐威王"？

千万别以为这只是"王"们的事，不！老百姓也一样，不论是谁，只要他只会"听"而不会"想"，只会"听"而不会"察"，他就迟早会"沦落"成糊涂虫！

（张玉庭）

# 文化的力量

各位朋友：

　　下午好！岁末是一个盘点的时候，人到岁末心情就特别复杂，一方面对过去有很多眷恋，另一方面也有很多遗憾；一方面对未来有很多憧憬，另一方面也有很多困惑。何况接下来的这个年头是著名的2012年。

　　我们相聚在此有一个理由，就是让2012年因为我们而更好一点，因为文化而多一点信任的力量。每一个年头都有一些人远离，让我们思虑文化对于我们每个人的生命到底会起着怎样的支撑作用。

　　在今天这个时代，我们大概都不会对高调捐款的企业家陌生，但是杨绛先生却将他们全家人累积起来的72万元全部捐给清华大学，建立了"好读书奖学金"，她捐出的哪里是钱那么简单，她捐出的是他们全家的心血。捐款现场，杨绛先生还鞠了一个躬，并以深深的谦恭和感恩说道："谢谢你们成全我们仨的心愿。"

　　作为一个女人，她的独生女和她的先生都先她而去，是什么样的力量让她不是痛心疾首、不堪回顾，而是用一种平和温暖的笔触写下了《我们仨》，她还能够把他们的经历晾晒在她的记忆里，然后让它定格在光阴中，让三个人永远在一起。又是什么力量让这样一个孑然独行的老人，让一个那么瘦小的她，走过了百岁年华，到今天脸上还有那种安详的光彩。看到她这次捐助的时候，我忽然明白了，这就是文化的力量。

或许我们不能像郎朗那样辉煌地去跟世界各大乐队演奏，把那些名曲送到太空之上；我们不能像徐静蕾那样既可以演，又可以导，留下那么多隽永的作品；我们也不会像张军那样以一个昆曲小生的身份去跨界合作。也许我们没有他们的艺术才华，但是我们可以从杨绛光生身上看到——点，那就是文化可以让我们每个人的生命不朽，可以让我们以一种真正艺术的方式活在这样一个喧嚣、嘈杂的世相之中，让我们的心因为文化而拥有一种宁静、柔软、辽阔和永不妥协的梦想。

我们今天在享受着高科技和千富物质文明的同时，为什么我们的疾病越来越多，我们的心情越来越焦虑？科技使我们自信的同时，也使我们狂妄；物质发达使我们享受的同时，也使我们担忧。我们今天究竟迷失在了哪里？文化在这个岁末，能够给我们的生命以什么样的救赎力量？

在我的理解中，文化是"文而化之"，也就是说我自己更愿意做一个动词"文化"而活着，而不是名词。我们中国从来不缺少"文"，有文字记载的文明就有五千多年，在那卷帙浩繁的文字里面，有多少熠熠生辉的遗产跟我们今天的生活、跟我们内心的幸福真的相关呢？我们只需要做一件事，叫作"化"。就是要用一种"化"的力量，止每位艺术家手中独特的、不可复制的艺术形式，迸射出精神的光芒，从而照耀进我们的内心。

我们到底从什么地方获得那种生命的光芒呢？我们每个人其实都很脆弱，寻觅梦想，不是因为我们坚强，而是因为脆弱；寻觅梦想，不是因为我们脱离现实，而是因为现实的残酷。我们需要梦想在现实中妥协、放弃、磨砺了很多次之后，还有一种力量温暖我们的心，文化就是这种力量。

我想，苏东坡当年一定曾经一步一步走，所以他会看一座庐山，"横看成岭侧成峰"，再走几步，"远近高低各不同"，后来他从山中走到山顶，明门"不识庐山真面目，只缘身在此山中"。这一点禅悟他要是不变换不同角度，一步一步从容走来，索道要是直接把他放在山顶上，能有这份感受吗？

我也想，陆游要经历多少次的绝望、饥饿、疲惫、幻火，一次次的"山重水复疑无路"，才会在豁然之间"柳暗花明又一村"，那份生命的惊喜，那份蓦然相逢，他不亲身丈量，能获得吗？孔夫子当年"登东山而小鲁，登泰山而小天下"，人到达什么样的山峦高度，就会有什么样的视角。

我一直很喜欢泰山上的一副对联，叫作"海到尽头人作岸，山登绝顶我为峰"。我们总说，比大海更辽阔的是人心，但是大海到了尽头怎么办？你在山边会看见，苍天才是海的岸，苍天的绵延没有尽头，而终于登顶一座山峦的时候，中国的古人不习惯于用"人类征服了多少多少高度"这样的表述，他们往往是感恩自然、接纳生命，通过一步步的托举和成全，最终让生命融入山峦。"山登绝顶我为峰"，我自己成为千山万壑之中的一块石头，这就是文化，这就是文化的成全。

我们都在追求生命的确定性，还有多少不确定性等在前方呢？文化首先让我们善待自己，对自己的生命有份信任，然后我们才对世界笃信不疑。今天行很多人说，这个世界变得让人越来越不相信了，其实我想说，那么你相信自己吗？如果你相信自己，你可以把握自己与这个世界相逢的那种方式，那么你还是可以信任世界的，这就是文化的力量。

2012年要来了，前一段时间很多媒体问我，2012年你觉得最可怕的事情是什么。于我而言，最可怕的事情就是我们这个社会再出现比"小悦悦事件"更恶劣的事件，我希望小悦悦这个事件让我们已经"探底"了，探底之后就可以反弹了。关于光阴年华，什么都不可怕了。人生磊落光明，抱着信念和梦想，我们去穿越一个一个年头，让这些岁月和我们的生命相逢。内心有这份文化的力量，我们每个人都能够在2012年做一个真正的艺术家。谢谢大家！

（于丹）

# 英国教师的教育理念

　　不久前，我到英国伦敦参加一项学术活动，活动结束后特地去看望了留学后留在伦敦工作的大学同学王剑。王剑和我在大学时关系最好，这次在异国他乡相见，格外亲切，他力邀我到他家小住几日，盛情难却，我愉快地答应了。

　　第二天，王剑带我到一些平日旅游不易去的地方看了看。下午快3时，他说得去给儿子开家长会，要先送我回家休息一下。我出于好奇，对他说："如果学校允许，我和你一块去听听行吗？""我和老师联系一下。"王剑立即打电话与儿子的老师沟通，片刻后告诉我："没问题了！"随后，他驱车带我来到学校，走进二年级的一个教室。

　　下午4时，家长会在一位中年女教师的主持下准时开始了。她礼貌地向大家表示问候，然后简短地介绍了一下近期教学情况，接着拿出一摞小册子，微笑着对家长们说："这是我发现孩子们在学校里一些值得称道的表现后，认真记录下来编写出的一本小册子，希望你们能更多地了解自己孩子的长处，也能从其他孩子的长处中得到启发，今后更好地培养自己的孩子……"接着，老师绘声绘色地讲了两个自己认为最好的例子。整个家长会开了不到40分钟就结束了。家长们从老师那领了小册子，连声道谢，高兴地离开教室。

王剑特意留到最后，当他从老师手中接过小册子后，态度十分诚恳地问老师："您看我孩子还有什么做得不好的地方，身上还有什么不足？"

老师听了王剑的话，先是一愣，沉思片刻对他说："我们干嘛总要找孩子身上的短处，而不去寻找他们身上的长处呢？总寻找短处，大人给孩子们的只会是批评、教训，久而久之孩子的自尊心就会受到打击；若寻找长处，大人给孩子们的会是赞扬和鼓励，时间长了就能培养起他们的自信心、上进心。当然，这样做并不是孩子犯了错误不批评，只是出发点和着眼点不同，看问题的角度就会不同。眼睛盯在发现孩子的长处上，孩子犯了错误，就会把错误看成孩子成长中的一块小拦路石，及时告诉他危害并与他一起搬开，否则便会相反，大人会如临大敌，严加斥责，最终，不同的方法必然出现截然不同的教育结果。"王剑听完老师的话，点头表示赞许……

对这件事我感触颇深。我在国内听一些年轻朋友说过开家长会的感受，他们中的很多人抱怨现在小学生的家长会不但时间长，一开就是两个多小时，而且老师说得最多的是孩子的不足和缺点，诸如"××上课搞小动作，不用心听讲""××老马虎，作业总出错"等等，老师们态度严肃、一派训人的口气不说，有时语言还很犀利，弄得家长们一个个既尴尬，心里又很不舒服。朋友们说，很难想象老师们抓住孩子的短处时，是不是也以这样的口气和话语对待孩子。

　　对照英国教师的教育理念和方法，细想起来，他们的做法其实很有道理。美国著名心理学家马斯洛曾指出：每个人都有渴望得到别人关爱和理解的需要，这种需要是人成长发展的内在动力之一。如果我们的家长、老师，眼睛能盯在寻找孩子身上的长处上，及时给他们鼓励，那是对孩子最大的关爱和理解，一定能为孩子的健康成长不断提供内在动力。

（沈黎明）

# 认识的人 了解的事

大家好：

十年前，在从拉萨飞往北京的飞机上，我的身边坐着一位五十多岁的女人。她是30年前去援藏的，这是她第一次因为治病要离开拉萨。飞机落下时，北京正在下大雨，于是我把她送到北京的一家旅店里。过了一个星期，我去看她，她说她的病已经确诊了，是肺癌晚期。然后，她指了指床头的那个箱子，说，如果我回不去的话，请你帮我保存这个箱子。这个箱子里装着她30年来在西藏各地与各种人如官员、喇嘛等交谈的记录。她很清楚地知道这些记录不能发表。她只是说，如果一百年后有人看到的话，会知道今天的西藏发生了什么。这个人姓熊，是拉萨一中的女教师。

五年前，我采访了一个人。这个人在火车上买了一瓶一块五毛钱的水，然后他向列车员要发票。列车员乐了，说："我们火车上从来就没有发票。"之后这个人就把铁道部告上了法庭。他说："人们在强大的力量面前，总是选择服从。但是，我们如果今天放弃了一块五毛钱的发票，明天，我们就有可能被迫放弃我们的土地权、财产权和生命的安全。权利如果不用来争取，就与一张废纸无异。"他打赢了这场官司。我以为他会和铁道部结下梁子，没想到，当他向餐车订了一份饭菜后，列车长亲自把饭菜端到了他的面前，说："您是现在要发票呢，还是等您吃完了我给您送过来？"我问他："你靠什么赢得尊重？"他说："我靠为我的权利所作的斗争。"这个人叫郝劲松，是一个34岁的律师。

去年，我认识了一位六十多岁的老人。有一次，我们在一起吃饭。席间，他向我说起了丰台区一所民工小学被拆迁的事。他说当时所有的孩子都靠在墙上哭，说到这儿的时候，他也动情了，从裤兜里拿出一块皱皱巴巴的蓝布手绢擦泪水。这个人，18岁时当大队的出纳，后来当教授、当官员，他说他所做的这些事情，只是想给农民做一点事儿。他在我的采访中说，征地问题给农民的不是价格，只是补偿。这个分配机制极不合理，而这个问题的根源不仅出在《土地管理法》上，还出在1982年的《宪法修正案》中。在审这个节目的时候，我的领导说，这个人即使说得再尖锐些，我们也能播这个节目。我问为什么，领导说，因为他特别真诚。这个人叫陈锡文，是中央财经领导小组办公室的主任。

七年前，我问过一位老人，我说您一生受过很多挫折，那您靠什么来保持年轻的情怀？他说，有一年他去河北视察，没有走当地安排的路线。在行走过程中，他发现路边有一个老农民，而老农民的旁边还放着一口棺材，于是他下车询问原因。老农民说太穷了，没钱治病，所以就把给自己备用的棺材拿出来卖。这个老人当即给他500元钱，让他回家治病。他说，我讲这个故事给你听，是想告诉你，中国大地上的事情是无穷无尽的，不要在乎一朝一夕的得失，要执着。这个人叫温家宝，中华人民共和国总理。

一个国家是由一个个具体的人构成的，她由这些人创造，并且决定。只有一个国家拥有那些能够寻求真理的人、能够独立思考的人、能够记录真实的人、能够不计利害为这片土地付出的人、能够去捍卫宪法权利的人、能够知道世界不完美但仍不言乏力、不言放弃的人，只有国家拥有这样的头脑和灵魂，我们才能说：我们为祖国骄傲；只有一个国家尊重这样的头脑和灵魂，我们才能说：我们有信心让明天更好！

谢谢大家。

（柴静）

# 大师"好玩儿"的一面

大师不仅有渊博的学识、鲜明的个性，更有"好玩儿"的一面。好玩者，不是功利主义，不是沽名钓誉，更不是哗众取宠，而是真性情与智慧的体现。

赵元任是一位"好玩儿"的语言大师。他一生中最大的快乐，是到了世界任何地方，当地人都认他做"老乡"。"二战"结束后，他到法国参加会议。在巴黎车站，他对行李员说巴黎土语，行李员以为他是土生土长的巴黎人，于是感叹道："你回来了呀，现在可不如从前了，巴黎穷了。"

后来，他来到德国柏林，用带有地道柏林口音的德语和当地人聊天。邻居一位老人对他说："上帝保佑，你躲过了这场灾难，平平安安地回来了。"

赵元任写信给林语堂时，写的是汉字式英文，例如："狄儿外剃，豪害夫油鬟?"（亲爱的语堂，你近来忙些什么）林语堂看了非常喜欢。赵元任告诉女儿，自己研究语言学是为了"好玩儿"。在今人看来，淡淡的一句"好玩儿"背后藏着颇多深意。

　　国学大师梁启超也是一位"好玩儿"的主，有"狗屁分三级"的著名论断。某年，某学政主持某地学子的考试，结果成绩普遍很差，学政大人勉强选拔出前三名后，批曰：第一名是"放狗屁"；第二名是"狗放屁"；第三名是"放屁狗"。梁启超解释说："放狗屁"表明放屁者仍是人，"不过偶放一狗屁耳"；"狗放屁"表明放屁者乃狗也，虽然是狗，"不过偶放一屁耳"；"放屁狗"则不但是狗，而且这狗"舍放屁外，无他长技矣"。

　　鲁迅也是一个比较"好玩儿"的人。他的脸非常不买账，又非常无所谓，非常酷，又非常慈祥，看上去一脸的清苦、刚直、坦然，骨子里却透着风流与俏皮。鲁迅最有文人气质、最能代表中国的文人，他的傲气和文气非同期文人能比。鲁迅的模样非常配他，配他的文学、脾气、命运、地位与名声。就像有人说的那样，鲁迅的相貌不是"长"出来的，而是他精神的冰山露在外面的那一角。

　　教科书中的鲁迅，已略见"好玩儿"，谁不记得鲁迅撞墙撞扁的鼻子呢？只看鲁迅的集子名：《而已集》《三闲集》《南腔北调集》，诸如此类，便透着"好玩儿"劲儿。

（张光芒）

# 珍惜眼前人

王蒙给鲁迅文学院的学生上课，向学生们提了一个问题：在你的人生当中，你认为最让你感动的一句话是什么？

一位来自哈萨克族的学生的回答，让王蒙先生感动不已。他说："父亲那年去世，我很难过，可有个人对我说，生老病死，自然规律，不要太悲伤。你的父亲虽然不在了，但和他吃过饭的人还在，和他说过话的人还在，和他长大的人还在……"

这是一句让人动容的话。没有华丽的辞藻，没有煽情的修辞，却能打动人心，让人的心一瞬间，疼痛而颤抖。很多时候，一句简单朴素的话，胜过唐诗宋词，那是一剂心灵的良药。爱是圆的，没有起点，也没有终点，恰如日月之交替，永不休止。因为有爱，懂得珍惜，所以圆满。

（张雨）

# 小学里的大师

　　桂贤娣虽然只是一名普通的乡村小学教师，但在她从教的30年中，创立了"情感育人教育法"和班主任工作"因生给爱十法"而深受教育界称道，被誉为"小学里的大师"。

　　桂贤娣曾向全国5万余名教师传授过教学经验，很多教师请教过问一个问题："为什么我那么爱我的学生，可是学生却感受不到我的爱？"对此她说："我每周都会给自己提三问，你爱你的学生吗？你会爱你的学生吗？你的学生感受到你的爱吗？只有给学生需要的爱，才是爱学生。"

　　第二年，桂贤娣接了一个新班，开学第一天，她走上讲台，微笑着环视全班后，轻轻问道："我们班的男生，谁爱打架？"学生们对这一提问而面相觑，不由得张大了嘴巴。

　　见状，桂贤娣提高了声音："爱打架的男孩才是真正的男子汉！我们班就没有一个男子汉吗？"

　　桂贤娣的激将法，让一只小手慢慢举了起来。她伸出拇指大声夸赞道："好！"接着，又一只小手也迟疑地举起。"不错！还有吗？"

她继续问道。

话音刚落，就见32只小手如森林般地举起。桂贤娣一拍掌："请全体女生到教室外去玩，班长负责安全。举手的男生听老师教你们学打架！"说着，在黑板上：写下四个大字：学会打架。然后对着一双双诧异好奇的眼睛讲起了打架"秘诀"：打架不能打头，不能捶胸，不能动"小秘密"；人不犯我，我不犯人，人若犯我，我必犯人；多吃饭，多锻炼……她以母亲般的慈爱望着孩子们："喜欢打架是你们的天性，但一定要遵循规律，不能出师无名。"

说来也怪，全班从此未发生过一起打架事件。桂贤娣说："男孩不好斗，民族无希望。作为老师，在面对调皮的学生时，应该用平和的心态去对待，用欣赏和阳光的眼光去看待。你对孩子笑，孩子自然会对你笑。"

桂贤娣在一次家防时得知，六年级（2）班有个漂亮的小姑娘得了癌症，幸亏发现及时，经过一年治疗已经痊愈。因化疗掉光了头发，小吕担心复学后会被同学们笑话。桂贤娣对她说："你放心，老师明天来接你，保证会受到同学们的欢迎。"当天下午，桂贤娣专门去了汉正街买了64顶小红帽，于第二天一早先发给班上63名学生，如此这般做了安排后，又去了小吕家，拿出1顶小红帽给她戴上，说："戴上这顶小红帽，你就增加了勇气，同学们也更喜欢你。"在父母的陪同下，小吕忐忑不安地随桂贤娣来到学校，走到教室门口时，她停下了脚步。桂贤娣一边轻轻推她，一边说："快进去吧，同学们都在等着你呢。"当小吕跨进教室的瞬间，眼前的一幕让她惊呆了：全班63名同学都戴着和她一模一样的小红帽！

班长站起来对小吕喊道："全体同学欢迎你回家！"随即教室响起热烈的掌声。小吕情不自禁露出了灿烂的笑容，转身对父母说："爸爸妈妈，你们回去吧！你们回去吧！"

站在教室外的小吕父母看着这一切，泪流满面地对桂贤娣说："桂老师，谢谢您，您真是个好人呢！"并向桂贤娣深深鞠躬。从那以后，班上每天都有5个学生戴着小红帽，一直陪着小吕长出头发。

桂贤娣说："爱在得体。不要让孩子感觉你是在施舍爱，要让孩子在不知不觉中感到贴心的温暖。"

数九寒冬，学生们在操场上参加升旗仪式时，她悄悄握一握几个体弱孩子的手，让他们冰冷的小手在她手中得到温暖；她将好几种卫生用品放在自己办公桌左边抽屉里，悄悄告诉那些早熟的女生，需要时随时去取；她自设"小银行"，帮助孩子们解决一些小困难，每次30元，虽然不多，总有特殊情况的学生使用……她说："只有用真诚的心态，才能唤醒孩子美好的人性，让他们懂得美好来自尊重和信任。"

被称为教育界"奥斯卡"的第二届"全国十大教书育人楷模"评选活动，于2011年9月10日在央视揭晓，湖北省武汉市汉阳区钟家村小学教师桂贤娣获此殊荣。受奖后的桂贤娣淡淡地说："我做的其实都是一些小事。"主持人李佳明感叹道："小事吗？怎么能做得这样好？怎么就做得这样妙？只有一种解释，只有情真意切的爱，才会有阳光的心态，才会把阳光播撒到每个孩子的心中。这就是大师的胸襟、大师的智慧、大师的光辉，也让我们每个人受益匪浅！"

（许永海）

# 在德国遭遇严师

去年，我们单位从德国威克公司引进了一台机器设备，所以特意安排精通德语的我到德国去学习操作技术。

到了德国，前来迎接我的是威克公司的一名高管和一名技师，我急忙走上前去跟他们打招呼。寒暄几句后，德国高管向我介绍说："这位是丹尼尔，高级技师，也是你的师傅。以后，你多向他请教！"说完，德国高管就告辞了。这时，我才仔细打量起身边的这位技师，从开始见面我就发现他不苟言笑、面色冷淡，但我还是主动伸出手，想和他握一下手，以增进友谊。谁知他冷冷地说了句："走吧！"转身就向厂房走去，让身后伸出手的我非常尴尬。初次见面，我就认定他是一个不好接近的人。

我跟他一起来到厂房里，便不想主动跟他说一句话。看他在那里娴熟地操作庞大的机器，我只是静静地站在一边观看。突然，他没好气地对我说："你只站着不动，一个问题也不问，怎么能学会技术？"看着他那张冷冷的面孔，我顿时觉得十分气恼，明明是他看不起我，不好好带徒弟，还反过来责问我。但一想到我是来学技术的，就把心里的火强压下去。我开始向他请教各种问题，好在他都一一做了回答，并开始让我试着操作机器。就这样，第一天还算顺利地过去了。

可能是来德国时差倒不过来的缘故，晚上在宿舍里翻来覆去地怎么也睡不着，一直快到凌晨的时候才有了睡意，等我睁开眼睛的时候才发现，早已过了上班时间，我饭也没吃就匆匆赶往厂房。一见丹尼尔的面，他就铁青着脸，对我大吼起来："你怎么一点时间观念也没有，如果在我们德国，像你这样的员工，早被开除了！"这次，我自知理亏，便也没说什么，就开始默默地工作起来。之后，丹尼尔在工作上也不断地找我的碴儿。好在，我在丹尼尔的极其冷淡与严厉下，很快掌握了操作技术。

就在学习将要结束的前几天，我突然觉得肚子疼，之后，就疼昏了过去。恍惚中，我觉得有一个人一边紧紧拉着我的手，一边不停地说："我的朋友，你要坚持住，马上就到医院了。"等我醒来的时候，已经是第二天早晨了。当我看到趴在床边睡着的丹尼尔和蔼的面容时，我简直有些不相信自己的眼睛。这时，丹尼尔也醒了，他用温和的眼神对我说："你好些了吧？"

原来，我患了急性阑尾炎，多亏丹尼尔及时叫了救护车，还帮我预付了手术费。可是，对眼前这个性情温和的人，我怎么也无法和之前的丹尼尔联系在一起。丹尼尔似乎看出了我的疑问，他笑着说："你们中国不是有句俗话叫'严师出高徒'吗？为了让你掌握更好的技术，我才不得不对你严厉的。"原来如此，可爱的丹尼尔，为了让我掌握一流的技术，居然费尽心思，用心良苦，连中国的俗语都用上了。看着眼前的丹尼尔，我心中有种说不出的温暖和感动。

不久，我的病很快就好了，学习也即将结束。分别那天，机场上，我和丹尼尔紧紧地拥抱在一起，依依惜别，难舍难分。丹尼尔一再向我保证，有机会一定会到中国来。我也告诉丹尼尔，我将在机场手捧鲜花恭候他的到来。

德国之行，让我深深体会到德国人的友谊和深情，而我和丹尼尔之间的友好交流，已深深地烙印在我的心里，成为我今后美好的回忆。

（黄耀国）